Ludwig Lindenschmit

Handbuch der deutschen Altertumskunde

Erster Teil

Ludwig Lindenschmit

Handbuch der deutschen Altertumskunde
Erster Teil

ISBN/EAN: 9783743493650

Hergestellt in Europa, USA, Kanada, Australien, Japan

Cover: Foto ©Andreas Hilbeck / pixelio.de

Weitere Bücher finden Sie auf **www.hansebooks.com**

DER

DEUTSCHEN ALTERTHUMSKUNDE.

ÜBERSICHT
DER DENKMALE UND GRÄBERFUNDE
FRÜHGESCHICHTLICHER UND VORGESCHICHTLICHER ZEIT.

VON

L. LINDENSCHMIT.

IN DREI THEILEN.

ERSTER THEIL.
DIE ALTERTHÜMER DER MEROVINGISCHEN ZEIT.

MIT ZAHLREICHEN EINGEDRUCKTEN HOLZSTICHEN.

DRITTE LIEFERUNG.
(Schluss des ersten Theiles.)

BRAUNSCHWEIG,
DRUCK UND VERLAG VON FRIEDRICH VIEWEG UND SOHN.
1889.

ANKÜNDIGUNG.

Die vorliegende dritte Lieferung des Handbuchs der deutschen Alterthumskunde bildet den Abschluss des ersten Theiles dieses Werkes, der, für sich ein Ganzes, ausschliesslich den Schmuck, die Geräthe und Waffen der germanischen Stämme des fünften bis achten Jahrhunderts schildert. Diese Lieferung bespricht noch verschiedene Bestandtheile der Tracht, die Geräthe und Werkzeuge, die Gefässe aus Thon, Glas, Holz, Metall und Stein, sowie die Waagen und Münzen.

Die reichen Schatzkammern der Könige werden erwähnt, die in ihren Prachtstücken römischen Kunsthandwerkes einen Vorrath an edlen Metallen und Steinen bargen, zu Neubildungen in dem eigenartigen Geschmacke der Nation.

Es wird ein Blick gewährt auf die Rechtspflege jener Zeit, auf das Leben am Hofe der Grossen wie auf das der freien Bauern.

Vor allem aber musste in dem allgemeinen Rückblick auf die Lebens- und Bildungsverhältnisse dieser Periode der Thätigkeit des Kunsthandwerkes nähere Betrachtung geschenkt und die Herkunft jenes eigenthümlichen Verzierungsgeschmacks besprochen werden, der auf allen Schmuckgeräthen der merovingischen Zeit wiederkehrt und dessen Ursprung schon die verschiedenartigste Deutung erfuhr.

den übrigen Goldgeräthen vermengt zur Aufbewahrung gelangten, ist bei der Art der Entdeckung ebenso begreiflich, wie die irrige Erklärung derselben als Bestandtheile des Sattelzeuges des mitbestatteten Pferdes*), welche erst durch eine Vergleichung mit vollständig erhaltenen Stücken ihre Berichtigung finden konnte. Ebenso hatten die ersten Ergebnisse des Todtenfeldes bei Selzen gerade die wichtigsten Gräber völlig unkundigen Landleuten überliefert, und das mit Almandinen besetzte Taschenbeschläg (Fig. 4, Taf. XXIV) wurde, weil zufällig an dem Roste eines beiliegenden Messers haftend, so lange für einen Bestandtheil desselben gehalten, bis zwei Jahre nach der Veröffentlichung der Untersuchungen dieses Friedhofes noch ein anderes Bruchstück eines solchen Beschlägs (Fig. 5 derselben Tafel) eingeliefert wurde, welches unbeachtet in dem Besitze eines Theilnehmers jener ersten Ausgrabung zurückgeblieben und als Spielzeug der Kinder bis auf das Mittelstück zerstört und vergessen war. Dieser mit einem Schnällchen versehene Rest des zweiten Taschenbeschlägs erklärt den fehlenden Theil der Mitte von Fig. 4 genau in derselben Weise, wie er jetzt bei den vollständig erhaltenen Fundstücken (Fig 2 und 3 derselben Tafel) aus den fränkischen Friedhöfen der Normandie, ebenfalls aus Gold und mit Edelsteinen geschmückt, vorliegt.

Bisher galten die reicher ausgestatteten Taschenbeschläge ausschliesslich für Bestandtheile bedeutender Grabschätze, in unserer Zeit jedoch sind jene aus Gold nur bei übereinstimmend kostbarem Schmuckgeräth, solche aus Erz, wenn auch mit Einlagen von Almandinen verziert, selbst bei ganz einfacher Grabausstattung gefunden worden.

Das abgebildete Taschenbeschläg (Fig. 449 a. f. S.) wurde einem Funde bei Flonheim (Rheinhessen) entnommen, welcher nach seinem Reichthum und der Zufälligkeit seiner Entdeckung dem Grabe Childerich's I. zu vergleichen ist und, wie alle derartige Schätze, von ungeschickten und räuberischen Händen grösstentheils zerbrochen und

---

*) Diese eigenthümlichen Zierstücke (Fig. 1, Taf. XXIV) zählen zu den im Jahre 1831 aus der Königl. Bibliothek zu Paris entwendeten Theilen des Grabschatzes. Sie sind von Chiflet in seiner Anastasis Childerici regis, p. 226 abgebildet, und von Abbé Cochet auf ihre eigentliche Bestimmung zurückgeführt: Le Tombeau de Childeric I, cap. IV. La bourse ou aumonière. Gegen die Ansicht des Letzteren, dass die beiden Thierhäupter, welche die Ecken des Zierbeschlägs bilden, Vogelköpfe vorstellen sollen, sprechen die unverkennbar angegebenen Ohren.

zerstreut, erst aus seinen Bruchstücken einigermaassen wieder ergänzt werden konnte*).

Der zierliche Taschenrahmen mit seinem Schnällchen ist von Gold und ersterer vollständig mit Edelsteinen besetzt, in Uebereinstimmung

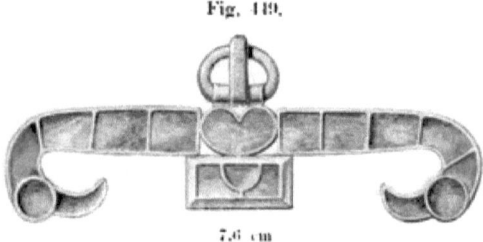

Fig. 449.

7,6 cm

mit den kostbar verzierten Waffen, dem Schwert mit goldbelegtem Griff und seinen mit Edelsteinen besetzten Scheidebeschlägen, der ebenso reich durch rothe und grüne Steine verzierten Gürtelschnalle mit ihrem Ring aus Elfenbein und einer Zahl vielartiger Bruchstücke goldenen Zierwerks, wie von Gefässen und Geräthen, als Zeugen des Reichthums und des gesellschaftlichen Ranges des ehemaligen Besitzers.

Dagegen giebt Fig. 450 die Darstellung eines minder kostbaren, aus goldfarbiger Bronze gefertigten Taschenbeschlägs**). Dasselbe

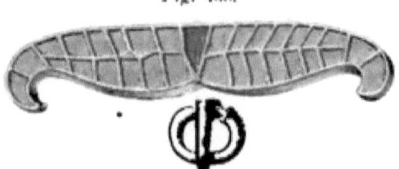

Fig. 450.

ist in seltener Vollständigkeit auf dem fränkischen Friedhofe von Brény (Dep. Aisne) in dem Grabe eines Kriegers gefunden, an dessen Gürtel es bei einem Haarzängchen lag und mit einem Beile und einigen Gefässen die einzige Ausstattung des Todten bildete.

In der Hauptform übereinstimmend, finden sich diese Beschläge der Tasche doch in sehr verschiedener, dem Zweck des Gebrauchs entsprechender Grösse. Die auffallende Menge von Münzen in Chil-

---

*) Wie so viele solcher stückweise zu Tage gekommenen Funde, hat auch dieser Grabschatz durch das Röm.-Germ. Central-Museum seine möglichste Herstellung gefunden. Er befindet sich jetzt in dem Museum in Worms.

**) Album Caranda. Sepultures mixtes de Brény, Gallo Romaines et Franques merovingiennes. Extrait du journal des Fouilles, 1880. Nouvelle Serie. pl. 8. Fig. 4.

derich's I. Grab bedurfte eines umfangreichen Behälters, für dessen goldenen Bügel sich im Ganzen eine Länge von 20 cm annehmen lässt, im Verhältniss zu den noch vorhandenen 5½ cm langen Thierköpfen an seinen beiden Enden. Auch die eisernen Taschenbeschläge von dem Friedhof von Envermeu und die aus Bronze von dem Grabfeld von Oberflacht in Württemberg zeigen eine Länge des Bügels von 17 bis 18 cm, jedoch ebenso wenig Spuren eines besonders werthvollen Inhalts, als die mit Edelsteinen besetzten goldenen und bronzenen kleinen Taschenbeschläge von ihrer meist geringeren Grösse bis zu 13 und 6 cm.

Eine so verschiedene Grösse des metallenen Taschenverschlusses erweist unverkennbar eine sehr verschiedene Bestimmung dieses Theils der Tracht. Ausschliesslicher Gebrauch desselben zur Bewahrung von Münzen kann um so weniger angenommen werden, als der Fund in Childerich's Grabe bis jetzt ein ganz ausnahmsweiser geblieben ist, gegenüber den Ergebnissen zahlreicher Untersuchungen der alten Friedhöfe in Deutschland, England und Frankreich.

Römische und byzantinische Münzen, wie fränkische und gothische Gepräge finden sich sonst überall nur vereinzelt in den Gräbern, wie die mit der Christuschiffer bezeichneten Quinarien des Justinian und Anastasius als eine Art von Amuleten, in dem Munde der Todten niedergelegt, und die mit Henkeln versehenen oder durchbohrten Münzen als Zierstücke von Halsschmuck oder Gürtelgehängen verwendet. Nur in seltenen Fällen sind sie unter dem Inhalt der Tasche aufgefunden*). Diese war der weit überwiegenden Mehrzahl nach aus Leder oder starker Leinwand gefertigt und wurde durch einfache Schnürung geschlossen. Es bezeugt dies ihr bis ins Mittelalter reichender Gebrauch, der zugleich einen Begriff von der Form dieses so vielartigen Bedürfnissen entsprechenden Bestandtheils der Tracht gewährt, welcher seinen zerstörbaren Stoffen nach unmöglich in den Gräbern erhalten bleiben konnte.

Ueber den Inhalt gerade der mit Edelsteinen besetzten Tasche geben die Gräber keinen Aufschluss, da die Münzen, wie bemerkt, fehlen, für deren Bewahrung sie am geeignetsten scheinen, bei dem verhältnissmässig engen Raume der metallenen Schlossöffnung, welche nur eine entsprechend geringe Tiefe dieser Taschen und somit auch

---

*) Wie auf dem Gräberfelde von Kingston, zwei Münzen des Claudius und Carausius bei verschiedenem Kleingeräth in dem unverkennbaren Ueberrest einer Tasche. Inventorium sepulcrale von Brian Faussett, Grabfeld von Kingston Down. Grab 299.

einen wenig umfangreichen Inhalt voraussetzen lässt. Bis zu einer ergiebigeren Auskunft neuer Entdeckungen bleibt die Thatsache zu berücksichtigen, dass geprägtes Werthmetall, auf dessen Bewahrung die vorwaltend geringe Grösse und der Edelsteinschmuck jener Art der Tasche hindeutet, weniger im Besitze der Landbevölkerung, als der Könige und ihrer Hofbediensteten nachzuweisen ist. Bei diesen selbst müssen Gold- und Silbermünzen nicht jederzeit im Ueberflusse zur Hand gewesen sein, denn Berulf, der Kämmerer Childerich's, verwendet Goldbeschläge seines Gürtels zu Ankäufen*), während der heilige Eligius als Schatzmeister der Könige Chlotar und Dagobert, den Inhalt seiner mit Edelsteinen reich gefüllten Börse**) für Almosen und den Loskauf von Sklaven und Gefangenen hingab. Dagegen wird bei der Bestattung Carl's des Grossen die goldene Tasche, welche über dem kaiserlichen Gewande angelegt wurde, als ein Bestandtheil seiner Reisekleidung bezeichnet***). Jene Tasche war demnach eher für die Bewahrung der Kleingeräthe zur Körperpflege bestimmt, für welche sie schon nach weit älterer Ueberlieferung in der Mehrzahl der Gräber merovingischer Zeit benutzt erscheint.

Bezeichnend bleibt es nämlich, dass sich bei den Gräbern der Männer wie der Frauen in der Nähe des Gürtels gewisse Gruppen verschiedener, den Bedürfnissen des täglichen Gebrauchs entsprechender Geräthe finden, sowohl der Kamm, das Haarzängchen und der Ohrlöffel, manchmal vereinigt mit einem anderen räthselhaften Löffelchen von Erz oder Silber, dessen mehrfach regelmässig durchbohrte Schale bis jetzt noch keine Erklärung gefunden hat.

Die Verschiedenheit der im Ganzen geringen Grösse dieser runden Löffel und der Zahl ihrer Oeffnungen, die von 3 bis zu etlichen 20 reicht, vermehrt die Unsicherheit ihrer Erklärung, zumal unter der römischen Hinterlassenschaft ausser dem weit umfangreicheren Seihgefäss, colum, kein Geräth von annähernder Art, selbst unter den ärztlichen Instrumenten, meines Wissens beobachtet wurde. Dass jedoch aus dem merkwürdigen Grabhügelfund in dem Aspergle un-

---

*) Data ipsi homini parte aurea balthei sui. Gregor VII. 22.
**) Nach seiner von Audoën verfassten Lebensbeschreibung trug er eine pera auro gemmisque compta, und crumenas eleganter gemmatas.
***) Pera peregrinalis aurea super vestimentis imperialibus posita, quam Romam portare solitus erat. Der eigentliche Goldschatz wird, wie vorher erwähnt, in dem Grabgewölbe niedergelegt: Et repleverunt sepulcrum ejus aromatibus, pigmentis et balsamo et musco et thesauris multis in auro. Einhard, Annal. 811.

Tafel XXV. Zu Seite 460.

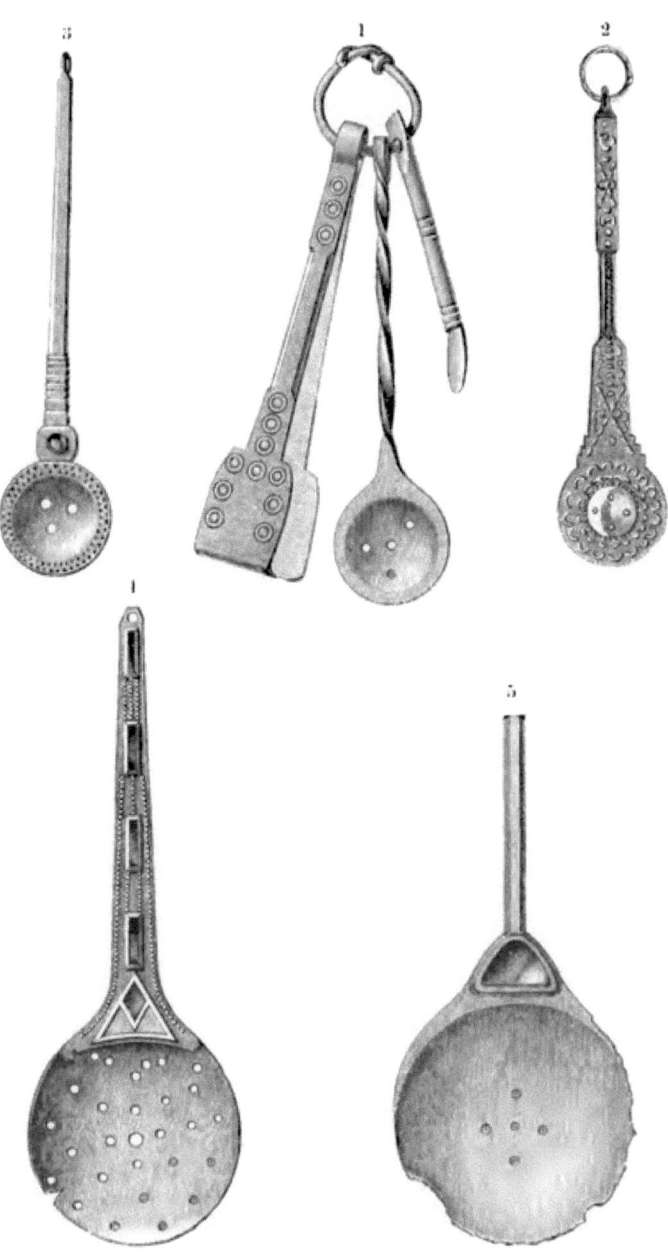

Text auf der Rückseite.

1. Fundort Engers. Mus. v. Wiesbaden. 70 mm. — 2. Fundort Pfullingen. Im Besitz des Herrn Grafen Wilhelm v. Würtemberg auf Schloss Lichtenstein. 132 mm. — 3. Fundort d'Arcy St. Restitute. Collection Caranda. Natürliche Grösse. — 4. Fundort Chatham, Kent. Notes of antiquarian researches. Yonge Akerman 1855. Natürliche Grösse. — 5. Fundort Stodmarsh, Kent. Pagan Saxondom. Yonge Akerman. Natürliche Grösse.

weit Ludwigsburg ein goldbelegter, durchbohrter Löffel mit acht kleinen Oeffnungen um die Mitte seines Schälchens vorliegt*), mehrt noch die Unsicherheit der Beurtheilung dieser eigenthümlichen Geräthe, gegen deren vermeintliche Bestimmung zum Salben und Färben der Haare sich eben solche Bedenken erheben, als gegen ihren Gebrauch zur Mischung der Getränke bei der Mahlzeit oder zu Heilzwecken.

Eigentliche Löffel aus Metall finden sich in den Gräbern merovingischer Zeit nicht in der dem Messer entsprechenden Zahl und nur in der Form der kleinen römischen Löffel aus Erz und Silber; aus Eisen sind solche nur zweimal in dem Friedhofe von Envermeu und jenem von Sibertswold aufgefunden. Sie zeigen keinen Ring oder durchbohrten Stiel zum Zweck der Vereinigung mit anderen Geräthen.

Für den gewöhnlichen Gebrauch waren diese Geräthe zu jener Zeit ohne Zweifel aus Holz oder Horn gefertigt, nicht ohne eingeschnitzte Verzierungen, in Grösse und Form, wie sie heute noch in Tyrol üblich und ähnlich dem römischen cochlear, dessen Bezeichnung von der fremden Schriftsprache jener Zeit für den Löffel der Franken verwendet wurde. Die fromme Königin Radegund, heisst es in den actis sanctorum, scheute sich nicht, Kranken und Blinden selbst die Speise mit dem Löffel (cum cochleari) zu reichen.

Zu den, durch einen Ring zusammengehaltenen Geräthen zählen auch die verhältnissmässig seltenen Schlüssel aus Eisen und Erz (Fig. 151 a. f. S.), von einer der schon bei den Römern üblichen Formen, in einer Grösse von 160 mm bis zu 62 mm, im Ganzen stärker und breiter, als für den Verschluss der kleinen hölzernen, mit Erzblech beschlagenen Kistchen geeignet, die wir als eine eigenthümliche Beigabe der Frauengräber später zu beachten haben**). Für die Form der Schlösser, zu welchen die Schlüssel gehören mussten, ist kein Anhalt bis jetzt aus sicheren Funden gegeben; grössere Kisten und Verschläge, wie sie in Gräbern der späteren römischen

---

*) Abgebildet auf Taf. 5, Heft XII, Bd. III der Alterthümer unserer heidnischen Vorzeit und zugleich auf der Beschreibung des Grabhügelfundes in Klein-Aspergle bei Ludwigsburg. Dasselbe befindet sich in dem Museum von Stuttgart.

**) Die Schlüssel für die verschliessbare Art dieser Kästchen konnten nur von geringer Grösse sein, wie der unter Nr. 3, Fig. 151 abgebildete, welchem nach seiner eigenthümlichen Construction nur der von Abbé Cochet aus den Gräbern von Cordinières mitgetheilte entspricht. (Sepult. celt. rom. franques etc., p. 252.)

462   DIE ALTERTHÜMER DER MEROVINGISCHEN ZEIT.

Zeit beobachtet sind*), fehlen durchaus in den Friedhöfen der merovingischen Periode.

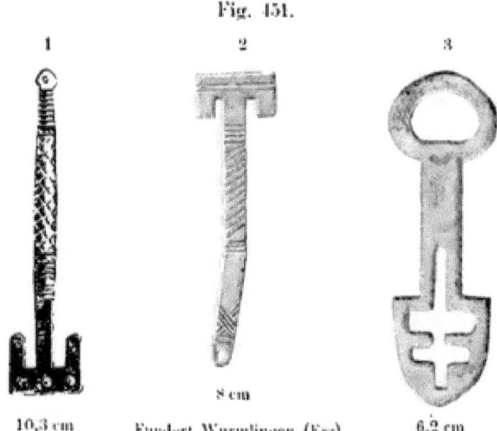

Fig. 451.

1. Fundort Nordendorf (Erz). 10,3 cm
2. Fundort Wurmlingen (Erz). 8 cm
3. Fundort Beckum (Eisen). 6,2 cm

Ohne Verbindung mit anderen Geräthen, doch stets an derselben Stelle des Grabes zeigt sich das Feuerzeug in Gestalt einer einfachen, schmalen Stahlplatte bei dem Feuerstein, Fig. 452. Früher unter den mancherlei durch Verrostung unkenntlich gewordenen

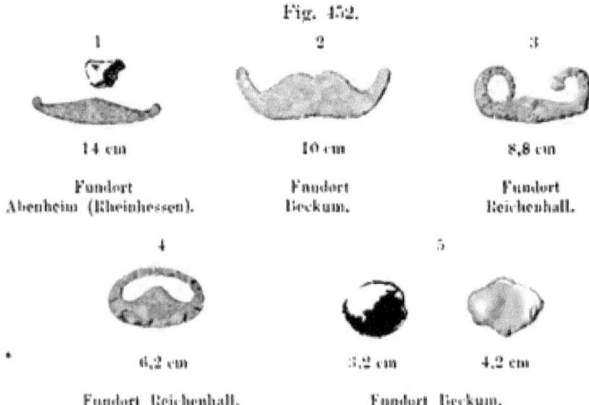

Fig. 452.

1. Fundort Abenheim (Rheinhessen). 14 cm
2. Fundort Beckum. 10 cm
3. Fundort Reichenhall. 8,8 cm
4. Fundort Reichenhall. 6,2 cm
5. Fundort Beckum. 5,2 cm   4,2 cm

*) Le tombeau d'une femme artiste gallo romain par B. Fillon, 1849, und nach demselben Abbé Cochet: cercueil romain. Vendée, p. 39. Le Tombeau de Childéric I.

1. Zweischalige Waage, Erz, mit den beigefundenen kleinen Gewichten. Aus den Gräbern von Pfullingen bei Reutlingen. Mus. von Mainz. Natürliche Grösse. — 2. Waage mit Hängegewicht. Aus den Gräbern bei Beckum in Westfalen. Mus. von Münster. Natürliche Grösse.

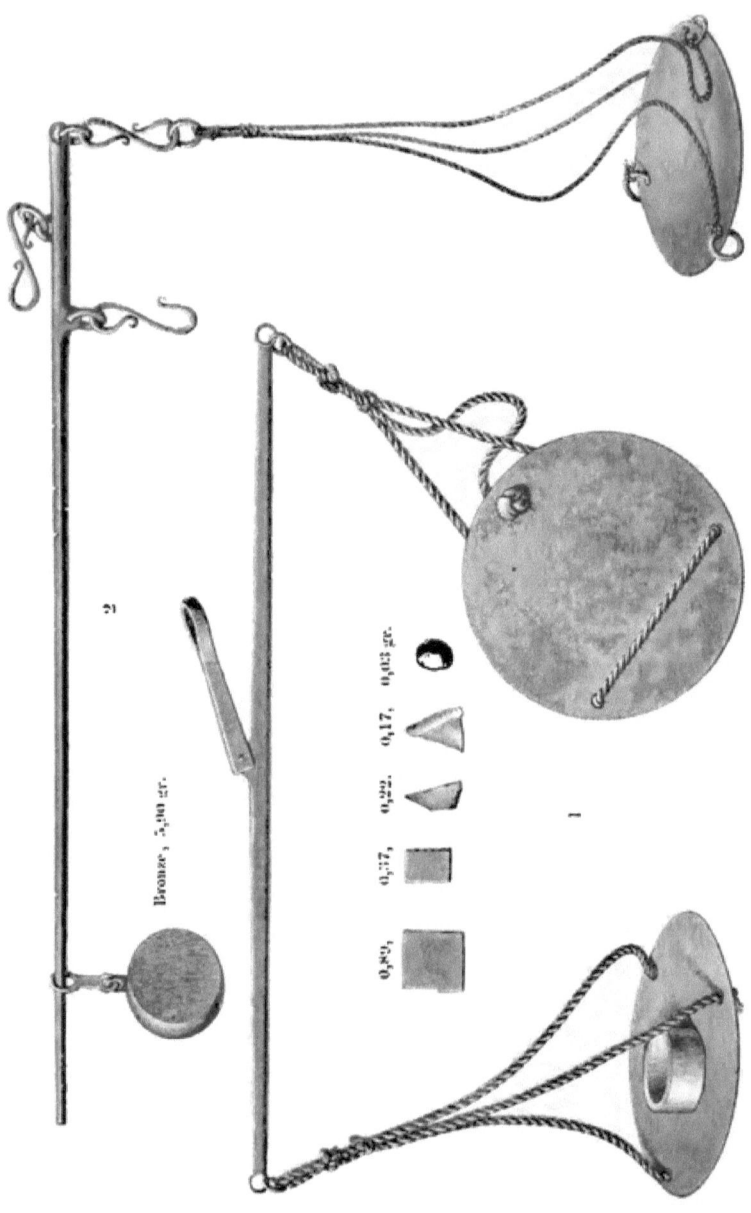

Text auf der Rückseite.

Eisenfragmenten übersehen, ist der Feuerstahl jetzt in genügender Zahl und wenig verschiedener Gestaltung nachgewiesen. Der meistens 9 bis 12 cm lange, ungefähr 1 cm starke Stahl ist an seinen beiden Enden zum besseren Anfassen nach rückwärts mehr oder minder stark eingebogen. Der Stein, welcher vereinzelt sowohl als in mehreren stark benützten Stücken beiliegt, zeigt sich entweder nur nach einer Seite oder zu zwei Kanten abgeflacht, oftmals in der Form, die er bis zur letzten Zeit des Schlagfeuerzeugs beibehielt *).

Ebenso durch Verrostung schwer erkennbar, findet sich in der Nähe des Gürtels, und allem Anschein nach in der verschwundenen Tasche verwahrt ein kleines Messer von sehr eigenthümlicher, früher nicht beachteter Art (Fig. 453). Die in dem oberen Theile des Heftes befestigte Klinge lässt sich nach vorwärts und rückwärts bewegen.

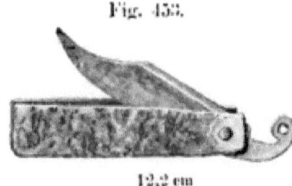

Fig. 453.

12,2 cm

Sie schiebt sich bei einem Druck auf ihren nach oben über das Heft vortretenden Hacken aus den offenen Schalen des Heftes, dessen Rückseite, nach dem völligen Aufstellen der Klinge, diesen Hacken aufnahm, ganz wie an den heute im Gebrauch befindlichen Rasirmessern, mit welchen jene Messer der Grabfunde nach der aussergewöhnlichen Art ihrer Construction übereinstimmen. Dass sie bei der Beweglichkeit der Klinge, zum Schutz ihrer Schneide, in einem Futteral geborgen wurden, darf mit Sicherheit vorausgesetzt werden.

Wenn wir bis dahin die am häufigsten in den Gräbern unseres Landes, wie in Frankreich und England gefundenen Geräthe genannt haben, welche bei dem Gürtel des Bestatteten zu Tage kommen, so bleibt noch eines derselben zu beachten, welches allerdings selten genug beobachtet wurde, die kleine Wage aus Erz, in der Art der römischen Taschenwage, theils mit nur einer Schale und einem an dem Wagebalken verschiebbaren Hängegewicht, theils mit zwei Schalen und der Zunge in der Mitte des Wagebalkens**). (Taf. XXVI.)

---

*) Die Form des römischen Feuerstahls ist aus sicheren Funden, wenigstens am Mittelrhein, bis jetzt nicht nachzuweisen, selbst in den genau untersuchten, sonst allen Hausrath bietenden Gebäuderesten und Gräbern. Feuersteine sind überhaupt bei römischen Funden so wenig beachtet, als anfangs bei den fränkischen Gräbern. Nichtsdestoweniger ist es mit Sicherheit anzunehmen, dass diese Art der Feuerbereitung in weit ältere Zeit hinaufreicht.

**) Bei den Funden merovingischer Zeit in England und Frankreich sind nur die Wagen letzterer Art vertreten. Roach Smith veröffentlicht solche in

Von den kleinen Gewichten, die kaum irgendwo sämmtlich erhalten blieben, liegen bei der Wage aus den Gräbern von Pfullingen nur noch einige wenige vor, sie gehen mit wesentlichen Lücken von 0,89 g bis zu 0,03 g, während das Hängegewicht der Wage aus den Gräbern von Beckum noch 5,90 g beträgt. Die auf den Wagebalken eingeschlagenen Marken für das Einhängen des Gewichts sind nicht mehr mit voller Sicherheit zu bestimmen.

Beide Arten von Wagen sind ihrer äusserst geringen Grösse nach nur zur Prüfung von Werthgegenständen kleinen Umfangs brauchbar, von Goldmünzen, kleinerem Schmuckgeräth aus Edelmetall und kostbaren Specereien, wie die weit aus Asien hergebrachten Gewürznelken, in dem goldenen Büchschen des Friedhofs von Horburg im Elsass *).

Gold, Silber und Zierstücke aus Edelstein (Ornamenta et gemmae) bildeten ausser den hier nicht in Betracht kommenden Kleidungsstoffen (vestimenta) und Sklaven (mancipia) die hauptsächlichsten Waaren, die von den fremden Händlern (transmarini negotiatores) und Juden zu Markt gebracht wurden, gegen deren Gewinnsucht der Gebrauch eigener Wagen das einzige, wie ersichtlich, selten genug benutzte Schutzmittel bieten konnte.

Die Geräthe zum Nähen oder die Nadelbüchse, zum Theil von Werthmetall, finden sich in Frauengräbern, wie die schon erwähnten Webergeräthe in besonderen Kästchen geborgen, die als neben dem Körper niedergelegte Beigaben später besprochen werden, während die grösseren Messer und Scheeren in ihren Scheiden ausser Verbindung mit der Tasche an dem Gürtel befestigt waren.

In der Nähe desselben und ohne Zweifel in nächster Verbindung mit ihm finden sich, nur in Frauengräbern, zwei eigenthümliche Zierstücke, eine Metallplatte mit durchbrochenen, vielgestaltigen Ornamenten, die sogenannte Zierscheibe und das Kettengehänge (Taf. XXVII. XXVIII. XXIX) mit eingehefteten römischen Münzen und sonstigem ver-

---

seinem Inventorium sepulcrale, pl. XVII, aus den Gräbern von Gilton, und in dem dritten Bande seiner Collectanea antiqua, pl. IV, aus den Gräbern von Ozingell, beide zugleich mit den zugehörigen Gewichten, welche zumeist aus römischen Münzen bestehen, die grösstentheils mit besonderen Marken bezeichnet, zu Ozingell in der Zahl von 14, zu Gilton von 19, einen Betrag von 1 Unze 18 ewt bis zu 19 grain zeigen.

*) Aus Frankreich hat Abbé Cochet von dem Friedhofe von Envermeu eine gleiche Wage von 10 cm abgebildet und besprochen. Dass seiner Ansicht nach der Fund dieser Wagen das Grab eines königlichen Steuereinnehmers bezeichnen soll, hat bei der verhältnissmässig geringen Zahl der im Cours befindlichen Münzen jener Zeit wenig Annehmbares.

schiedenartigem Schmuck. Die Lage beider ist freilich durch Verschwinden des Gürtels sowohl als ihrer eigenen Heftbänder nicht mehr unmittelbar nachzuweisen, aber doch insoweit sicher gestellt, als die Scheibe und das Kettengehänge vereinzelt sowohl als zusammen gefunden immer nur in der Richtung von dem Gürtel abwärts gegen die Füsse der Bestatteten zu Tage kommen. Die Funde, bei welchen die Zierscheiben und Gürtelgehänge beisammen lagen und die Scheibe sich als Abschluss- oder Ausgangspunkt des letzteren etwa annehmen liesse, sind sehr selten und erklären sich allem Anschein nach aus einer Verschiebung der Grabbeigaben durch eingedrungene Baumwurzeln [*]).

Das Zierstück (Taf. XXVII) besteht aus einer kleinen, kreisrunden Erzplatte, die auf mannigfaltigste Weise in durchbrochener Arbeit verziert ist und die Stärke von 2 mm, 1½ bis 1 mm und einen Durchmesser von 8 cm bis 10 cm zeigt. Die ausgeschnittenen Ornamente sind von derselben Eigenthümlichkeit und beständigem Formenwechsel, wie bei allen übrigen Schmuckgeräthen, meistens in Gestalt von Flechtwerk, doch auch Schlangen, Vögel und vollkommen phantastische Thiere, seltener menschliche Gestalten, selbst Reiterfiguren darstellend. Die glatte, ehemals glänzende Oberfläche dieser Scheiben, und die manchmal wohlerhaltene Silberfarbe [**]) des Metalls deutet unverkennbar auf die Absicht eines ansprechenden Gegensatzes der Zierstücke zu der Unterlage eines dunkeln oder farbigen Kleidungsstoffes.

Der Flächendurchmesser der Scheibe erhält oftmals eine Erweiterung durch einen Umfassungsring, der entweder aus Erz, aber auch aus zusammengesetzten Stücken von Elfenbein oder Thierknochen besteht, welche durch Nieten von Erzblech in der Kreisform zusam-

---

[*]) Wie bei dem fünften Hügel der Gräber bei Wiesenthal. (Beschreibung der alten, deutschen Todtenhügel bei Wiesenthal im badischen Mittelrheinkreis von Pfarrer Wilhelmi. 1838.) Dass hier die Scheibe sowohl als das Kettengehänge für Bestandtheile eines Schildes erklärt wurden, welcher den Holzfasern nach die ganze Länge des Körpers erreicht haben würde, und nur die Reste des Holzsarges bezeichnen konnte, ist nur Beweis einer phantastischen Anschauung der zu jener Zeit noch beschränkten Erfahrung der Grabforschung.

[**]) Eine Versilberung kann jedoch nicht angenommen werden, da dieselbe durch die Kupferbeimischung eine starke Oxydation nicht hätte verhindern können. Eine Vernickelung, wie sie allein die betreffende Erscheinung erklären könnte, darf jedoch nicht angedeutet werden, ohne vielfache Einsprache hervorzurufen. Und doch weisen alle diese, und selbst sehr viele der älteren römischen Metallgeräthe auf die Anwendung eines Verfahrens, welches die Farbe des Silbers ergibt, ohne dessen Neigung zu bald erzeugter grüner Rostbildung bei einigermassen stärkerer Beimischung von Kupfer zu theilen.

mengehalten sind. Die in solcher Weise ausgestatteten Scheiben sind jedoch an Zahl weit zurückstehend gegen die Menge dieser Zierstücke, welche ohne jenen zweiten Ring aus den Gräbern der Ostfranken und Alamannen zu Tage kommen*).

Dass dieselben überhaupt jenen Stämmen vorzugsweise eigenthümlich erscheinen, ist um so beachtenswerther, als sie bei den Westfranken und Burgunden weit minder häufig sind, bei den Angelsachsen durchaus fehlen, und auch nach Osten bei den Bayern schon seltener, in den unteren Donaugegenden**) nur in geringer Zahl und einfachster Verzierung in der Grösse wie in den Kindergräbern der Alamannen gefunden werden.

Wenn auch schon in den römischen Provinzen diesseits der Alpen die Neigung für durchbrochene Verzierungen sich vielfach geltend gemacht hatte, so waren diese durch Form, Darstellungsweise und die Gegenstände, auf welchen sie Verwendung fanden, durchaus verschieden von jenen aus der Zeit unserer Gräber. Hier waren diese Scheiben an einer erkennbaren Stelle ihres Randes durch ein Band von Leder oder Metall an dem Gürtel befestigt und bildeten, wie es scheint, eine Zierde an und für sich, ohne eine bis jetzt nachweisbare Verbindung mit dem Kettengehänge, welches in Vereinigung mit der Zierscheibe eine Länge von einigen 80 cm erreicht und den Boden berührt haben würde.

Eine Verschiedenheit der Verwendung dieser Scheiben von jener des Kettengehänges ist auch daraus zu entnehmen, dass die ersteren als vereinzelte Eigenthümlichkeit der Frauengräber dieser Periode erscheinen, während die Zierkette in nächster Berührung steht mit den von ältester Zeit her beliebten Schmuckgeräthen.

---

*) Die Sammlungen des Römisch-Germanischen Museums besitzen von den ersteren acht, von den letzteren 61 Nummern; die Gräber von Nordendorf ergaben allein 11 dieser Scheiben.

**) Wie die Nummern 66, 228, 229, 230 der Abbildungen in der trefflichen Schrift von W. Lipp über die Gräberfelder bei Kesthely-Pesth, 1885.

Die Zeitstellung dieser grossen Friedhöfe von 3000 Bestattungen in die Hälfte des fünften Jahrhunderts n. Chr. erscheint jedoch im Allgemeinen viel zu frühzeitig. Sowohl bei dem durchgängigen Mangel an Waffen (in Allem ein Schwert, Sax, eine römische Lanzenspitze, fünf Pfeilspitzen, 25 Wurfbeile, eine Zimmeraxt) als nach den sehr spätzeitlichen eisernen Steigbügeln und der durchbrochenen Arbeit der Riemenbeschläge, wie dem Styl ihrer Verzierungen, vor Allem aber der Form und Arbeit der zahlreichen Ohrringe nach, welche offenbar orientalischen Ursprungs, bis in die Gräber an der Mosel, an dem Rhein, in Bayern (in jenen von Reichenhall) nachgewiesen, diese Grabfelder ihrer Zeitdauer nach bis in das neunte und zehnte Jahrhundert herabrücken.

Tafel XXVII. Zu Seite 465 und 466.

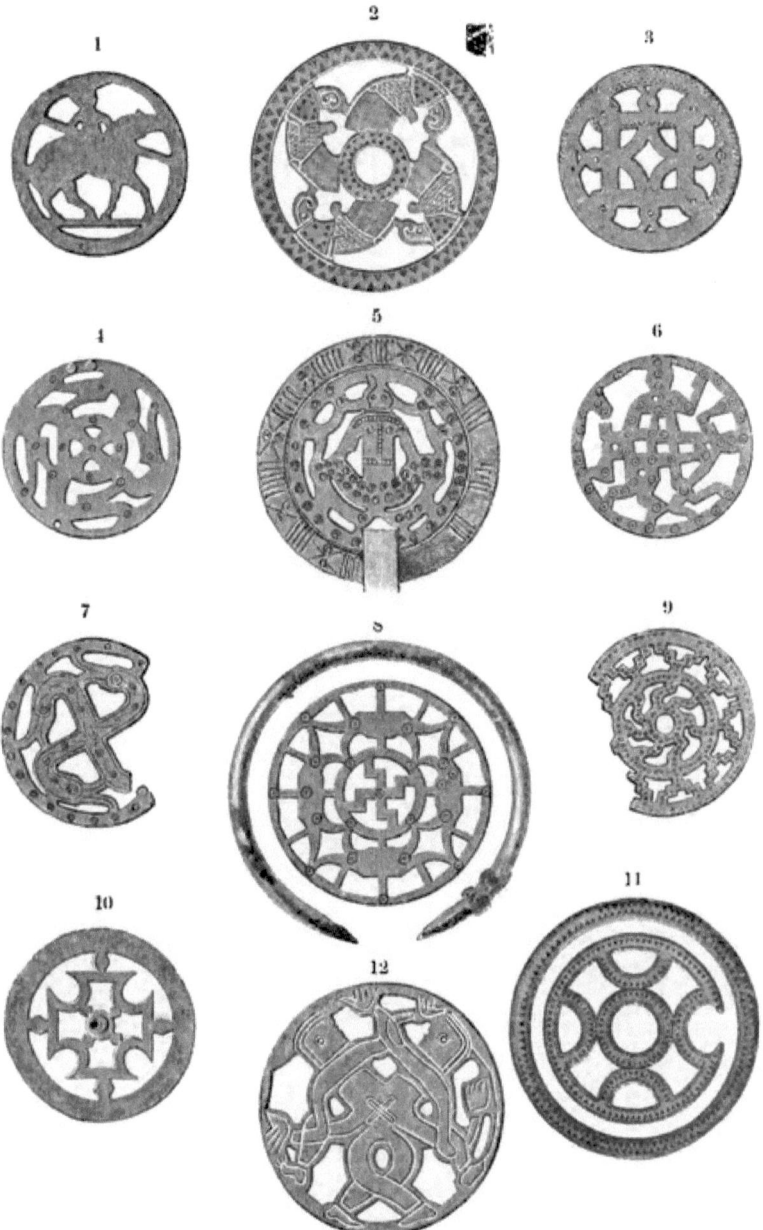

Text auf der Rückseite.

Zierscheiben.

1. Aus den Gräbern von Klinburg bei Riedhof. Mus. von Zürich. 78 mm. —
2. Aus den Gräbern von Pfullingen. Mus. von Wiesbaden. 80 mm. — 3. Aus den Gräbern von Rüdesheim. Privatbesitz daselbst. 93 mm. — 4. Fundort unbestimmt (in Baden). Mus. von Karlsruhe. 95 mm. — 5. Fundort Krailsheim (Bayern). Privatbesitz daselbst. 110 mm. — 6. Fundort Nordendorf. Mus. von Augsburg. 84 mm. — 7. Fundort Abenheim (Rheinhessen). Mus. von Mainz. 97 mm. — 8. Fundort Rheinhessen. Mus. von Worms. (Scheibe 93 mm, äusserer Ring 125 mm.) — 9. Fundort Oberolm. Mus. von Mainz. 86 mm. — 10. Fundort Andernach. Mus. von Bonn. 88 mm. — 11. Fundort Abenheim. Mus. von Mainz. (Scheibe 80 mm, äusserer Ring 108 mm.) — 12. Fundort Nierstein. Mus. von Mainz. 90 mm.

1, 1a, 1b, 1c, 1d, 1e. Gürtelgehänge. Erz. Aus den Gräbern von Nordendorf. Mus. von Augsburg. — 2, 2a, 2b, 2c, 2d. Ebensolches. Ebendaher. Ebendaselbst. — 3. Ebensolches. Aus den Gräbern von Oberolm. Mus. von Mainz. — 4. Ebensolches. Aus den Gräbern von Obrigheim. Mus. von Speyer. — 5. Ebensolches. Aus der Umgegend von Bonn. Mus. von Bonn.

Tafel XXVIII. Zu Seite 467.

48 cm.

Text auf der Rückseite.

76½ cm.

Abgesehen von dem frühzeitigen Auftreten dieser Zierketten jenseits der Alpen und in den unteren Donauländern, begegnen dieselben schon in der ausgebildetsten Weise unter den Grabfunden von Hallstadt, nicht allein an Gürteln und Gewandnadeln, sondern selbst an den Henkeln der Erzgefässe; wir finden dieselben weiterhin in Böhmen, dem Rheinland, in Thüringen, und nach Norden hin noch in den spätzeitlichen Gräbern der Wikinger in Livland*). Hier zeigt sich dieses Gehänge oftmals nach ältester Ueberlieferung in acht bis neun Strängen an den Schmucknadeln, oder, von diesem ursprünglichen Brauch abweichend, an seinen beiden Enden durch zwei Hefteln auf jeder Seite der Brust befestigt, während das Kettenwerk der fränkischen und alamannischen Gräber immer nur an einer Seite eingehängt, stets in drei Reihen über den unteren Theil des Körpers herabreicht. Auch daran zeigt sich ein wesentlicher Unterschied im Vergleich mit der älteren und späteren Art dieser Ziergehänge, dass dieselben in den Gräbern der merovingischen Zeit nicht ausschliesslich aus Metallringen, sondern der Mehrzahl nach aus **Stangenkettchen** gebildet sind, deren Glieder aus runden Erzstäbchen bestehen, oftmals verbunden durch Schlingen aus Eisendraht.

Die Länge der Kette ist nur bei den selteneren Fundstücken, die aus Gehängen von Erzringen bestehen, vollständig erhalten, während in Folge der Verrostung des Eisendrahtes, welcher die Glieder der anderen Art der Ketten verbindet, die Ausdehnung derselben weniger bestimmbar bleibt, nach dem jedesmaligen Verlust einer grösseren oder geringeren Zahl dieser Kettenglieder. Von der Stelle ihrer Befestigung bis zum Abschluss der herabhängenden Stränge beträgt die Länge der Bronzeketten 76, 74 und 58 cm, wogegen das stets lückenhafte Gehänge der Stangenketten nur 48 cm, oft auch eine weit geringere Zahl erreicht**).

---

*) Kruse, Necrolivonica, und Bär, Gräber der Liven. Die verhältnissmässige Spätzeitlichkeit dieser Grabstätten ergiebt sich nicht allein schon aus den Waffenformen, wie den Parirstangen der Schwerter, sondern aus der Verwendung beider Arten von Schellen am Schlusse der Zierketten, sowohl der unten offenen Glockenform, als der hohlen Kugel, welche nur durch einen schmalen Querschnitt nach unten geöffnet ist, für die Verbreitung des Schalles, welcher bei jeder Bewegung durch eine im Inneren befindliche kleine Rollkugel hervorgebracht wird.

**) Das Kettengehänge, welches Abbé Cochet, pl. XVII. Fig. 8 der Normandie Souterraine, aus einem Grabe von Londinières veröffentlicht, entspricht vollkommen jenem, welches das Museum von Karlsruhe aus den Gräbern von Sinsheim besitzt. Das letztere hat eine Länge von 72½ cm, während das erstere,

168   DIE ALTERTHÜMER DER MEROVINGISCHEN ZEIT.

Die Vermittelung ihrer Befestigung bildete eine grössere Zierplatte, von deren stets abwechselnder Gestaltung wir auf Taf. XXIX noch weitere Darstellungen geben. Den unmittelbaren Anschluss an den Gürtel bewirkte offenbar ein bei dem oberen Rande der Zierplatte eingreifender Ring und ein durch denselben gezogenes Band. Einen besonderen Schmuck dieser Gehänge bildeten querlaufende, die Ketten zusammenhaltende Metallbänder, sowie auch die Schlussglieder der einzelnen Stränge. Es sind dies mit Gravirung verzierte durchbrochene Plättchen oder kleine, kreuzförmig überspangte Hohlkugeln.

Die eigenthümlichen Anhängsel der Stangenkette giebt Taf. XXIX. Es finden sich durch Drahtringe befestigte Seemuscheln, deren ursprüngliche Farbe in der Erde erloschen ist, und Scheibchen aus der Krone des Hirschhorns, verziert durch Linienornamente, welche mit dem Zirkel eingeschnitten sind. Ebenso erscheinen angehängte Eberzähne[*] und Knochenspitzen zu mancherlei Gebrauch, am häufigsten jedoch durchbohrte Münzen. Mittel- und Kleinerze der letzten römischen Zeit, welche mit ihrem blanken Metall die Farbenwirkung dieses Hängeschmucks wesentlich beleben konnten.

Dass dieselben, wie die Eberzähne und die Scheibchen aus Hirschhorn, öfter vereinzelt, ohne eine Spur von Verbindung, meist nach dem unteren Theile des Körpers gefunden werden, erklärt sich aus dem Verschwinden der Hängebänder, welche nicht immer aus Metall, sondern allem Anschein nach, in ihrer Mehrzahl, aus Schnüren von Wolle oder Leinfäden bestanden.

Wir können diese besondere Art von Ziergehängen nicht verlassen, ohne einige seltenere, zum Theil kostbar ausgestattete Fundstücke zu erwähnen, welche einerseits durch die Art ihrer Befestigung an Ringen als Theile des Hängeschmucks bezeichnet, andererseits durch ihre Form, Grösse und theilweises Gewicht von den unmittelbar den Körper berührenden Zierstücken ausgeschlossen scheinen. Bis ein bestimmter Nachweis über die Lage derselben in den Gräbern

---

stark beschädigte, nur 47 cm misst. Die bei Cochet erwähnte Kette von Conlie, welche, von einem Ringe mit drei Oeffnungen ausgehend, eine Länge von 2 m 20 cm erreicht, ist offenbar aus den drei Ketten zu einer einzigen vereinigt worden, die gerade dreimal die Länge der in den deutschen Gräbern verwendeten Ketten von 73½ cm erreicht. In dem Rheingebiete und Süddeutschland sind diese Gürtelketten keine Seltenheit. Das Rom.-Germ. Museum besitzt vollständige und Bruchstücke von solchen einige 20, alle mit verschiedenen Einzelheiten der Verzierung.

[*] Amulete?

Tafel XXIX. Zu Seite 468.

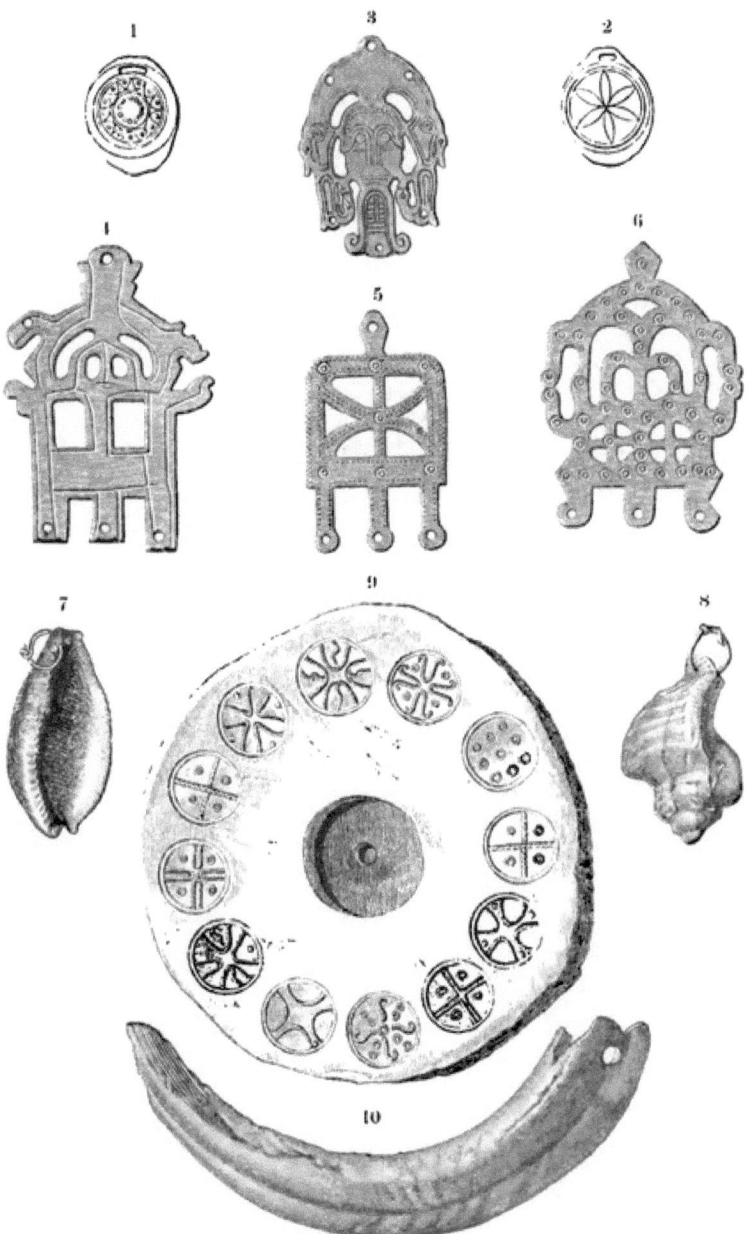

Text auf der Rückseite.

1. 2. Verzierte Scheiben aus Thierknochen. Hängezierden einer Gürtelkette. Aus den Gräbern von Oberolm. Mus. von Mainz. 46 mm. — 3. Mittelstück einer Gürtelkette. Aus Rheinbayern. Mus. von Mainz. 75 mm. — 4. Obere Befestigungsplatte eines Kettengehänges. Aus den Gräbern bei Guntershausen bei Worms. Mus. von Mainz. 93 mm. — 5. Ebensolches aus den Gräbern bei Sprendlingen. Privatbesitz Mainz. 52 mm. — 6. Ebensolches aus den Gräbern bei Erbenheim. Mus. von Wiesbaden. 84 mm. — 7. Seemuschel von einem solchen Gehänge aus den Gräbern von Nordendorf. Königl. Antiquarium in München. 67 mm. — 8. Ebensolche. Ebendaher. Mus. von Augsburg. 47 mm. — 9. Scheibe von Hirschhorn mit 12 eingesetzten Goldplättchen. Aus den Gräbern von St. Sabine, Burgund. Natürliche Grösse. Baudot, memoire sur les sépultures des Barbares. pag. 155. pl. XXVII. — 10. Eberzahn. Aus den Gräbern von Selzen. 11 cm.

DIE ALTERTHÜMER DER MEROVINGISCHEN ZEIT.

zu erlangen ist, glauben wir sie den übrigen Hängezierden anschliessen zu sollen. Es sind dies die **kugelförmig oder eiförmig zugeschliffenen Bergkrystalle und Eisenerze**, welche ohne Durchbohrung, theils auch ohne Fassung, öfter jedoch von wohl erhaltenen Spangen aus Gold, Silber oder Erz umgeben, in Frauengräbern gefunden werden. Die Grösse der kugelförmigen wechselt von 55 mm bis 25 mm, die der eiförmigen von 28 zu 22 mm Länge und 20 zu 17 mm Durchmesser der Breite.

Von solchen Kugeln aus Krystall in kunstvoller Goldfassung existirt, ausser der als Fig. 454 a abgebildeten, bis jetzt nur noch die

Fig. 454.

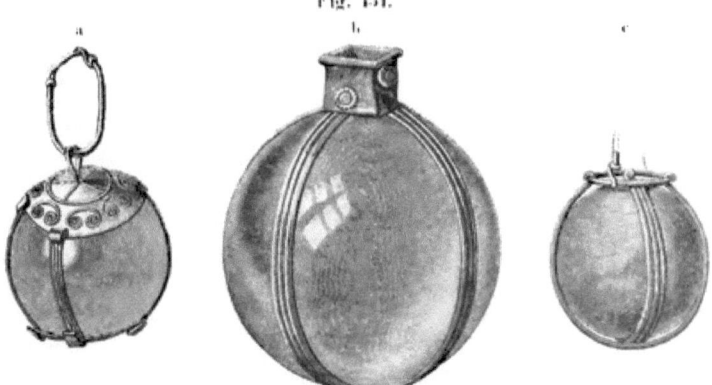

a Krystall in Gold gefasst, aus einem Grabe bei Abz..., Durchmesser 2,5 cm, Gewicht 31 g, Mus. Mainz. — b Krystall in Silber gefasst, aus einem ... (Oberhessen), Durchmesser 4 cm, Gewicht 109 g, Mus. M... — c ... erz in Silber gefasst, sépultures de Caranda, Mus..., Grösse 3 cm.

einzige, welche in einem Grabe bei Lens, Pas de Calais, gefunden wurde. Bei einer zweiten, als Chalcedon bezeichneten Kugel, die in den Gräbern bei Oberstotzingen, unweit Ulm, entdeckt wurde, lagen Goldlamellen, welche vermuthlich die ursprüngliche Fassung derselben bildeten.

Von einer dritten weiss man, dass sie zu den Zeiten des Königs Franz I. bei Lyon in einem Grabe gefunden wurde, und als höchst werthvolle Seltenheit in die königliche Schatzkammer gelangte. In Silber gefasste Krystallkugeln sind dagegen etwas weniger selten. In Deutschland wurden ein kugelförmiger Rauchtopas mit silbernen Spangen, aus den Gräbern von Nordendorf, und ebenso gefasste Krystallkugeln zu Heddesdorf bei Neuwied und in den Gräbern am Schiersteiner Weg zu Wiesbaden entdeckt.

In verschiedener Grösse fanden sich solche in Frankreich zu Longavêne und Vicq, in England zu Chatam und auf der Insel Wight. Ohne alle Fassung zeigten sich Krystallkugeln in einem alamannischen Grabhügel bei Oberstotzingen und in einem Grabe bei Metz. Bekannt ist, dass jene Childerich's I. keine Fassung hatte. Ob dies aber auch für die fünf gleichartigen Kugeln Geltung haben kann, welche bei der Beraubung der fränkischen Königsgräber in St. Denis zu Tage kamen, bleibt, eben dieser Veranlassung ihrer Auffindung wegen, dahin gestellt. Sicher jedoch erscheint es, dass die grosse Seltenheit der Entdeckung dieser Gegenstände, nur in Begleitung von anderen kostbaren Grabesbeigaben, auf ihre besondere Werthschätzung und die hohe Stellung oder fürstlichen Reichthum ihrer früheren Besitzer hinweist.

Wenn diese Krystallkugeln ausschliesslich nur als Bestandtheile des Schmuckes betrachtet werden, so kann diese Annahme für jene dunkel kupferfarbigen oder braunschwarzen Eisenerze unmöglich Geltung haben, wie sie in den Grabfunden des mittleren Rheinlandes und Frankreichs erscheinen (s. Fig. 454 c). Dieselben müssen denn doch wohl ursprünglich für Phylakterien oder Amulete gehalten worden sein, und die Einsprache, welche französische Forscher gegen diese Ansicht erheben, hat geringe Begründung, oder man müsste den Franken eine richtigere und unbefangenere Beurtheilung der vermeintlichen geheimen Eigenschaften der Mineralien zutheilen, als der gesammten antiken Welt. Es ist dies aber um so weniger gestattet, als alle diese von ältester Zeit überlieferten Vorstellungen noch weit ins Mittelalter hin sich erhalten haben, namentlich gerade in Bezug der die Fieberhitze beseitigenden Eigenschaft des Krystalls und der blutstillenden Kraft gewisser Eisenerze durch Auflegen auf die Wunde sowohl als durch innerlichen Gebrauch, und es wird demnach den Kugeln aus Eisenerz, wie jenen aus Krystall, doch noch eine weitere Bedeutung, als die von Schmuckgeräthen verbleiben müssen.

Ein anderes sehr eigenthümliches, nur ein einziges Mal beobachtetes Zierstück[*]) entbehrt bis jetzt einer sicheren Erklärung, zunächst in Folge des Verlustes jeder Andeutung seiner Befestigung und Tragweise. Es ist eine Scheibe von Hirschhorn, besetzt mit

---

[*]) Taf. XXIX, Fig. 9 aus Baudot, mémoire sur les sépultures des Barbares de l'époque merovingienne découvertes en Bourgogne, p. 155, pl. XXVII, cimetière de St. Sabine.

12 goldenen Rundplättchen, die, zu einem Kranze geordnet, eine jetzt verschwundene Verzierung des Mittelpunktes umgaben. Die Verwendung dieses werthvollen Schmuckes ist nur denkbar unter Voraussetzung eines jetzt verlorenen, den Scheibenrand umfassenden metallenen Bandes, und durch dasselbe eine Befestigung an der Tasche oder dem Gürtel selbst, vermittelst eines Ringes und Schliesshakens.

Eine Verbindung mit der Halskette oder dem Armband ist durch die für diesen Zweck zu bedeutende Grösse des Zierstücks unbedingt ausgeschlossen, und ebenso die Annahme des Ganzen als die Vorderseite einer Gewandnadel, da auf der Rückseite der Scheibe jede Spur einer Befestigung der Metallplatte mit der Nadel und dem Haken fehlt.

Wenn auch anzunehmen ist, dass bei der von Bandot bezeugten übereilten Oeffnung des Steinsarges durch unerfahrene Arbeiter die Fassung der Scheibe, welche allein Aufklärung geben könnte, abgerissen und zerstört wurde, so bleibt es doch immerhin denkbar, dass dieses sonderbare Zierstück, wie so manche andere seltenere Gegenstände, in einem jener Holzkistchen seine Bewahrung fand, welche als leicht zerstörbare und deshalb selten erhaltene Beigaben der Frauengräber Beachtung fordern.

Die Gestalt, wie überhaupt die Existenz dieser Kistchen ist einzig nur aus den Ueberresten der wenigen Stücke nachweisbar, welche mit einem Ueberzug von Erzblech ausgestattet waren, während die Mehrzahl nur aus dünnen Brettchen hergestellt, mit dem übrigen Holzwerk der Grabstätten verschwinden musste[*].

Die Verzierung jenes Erzbeschlägs zeigt bei allen Fundstücken eine solche Gleichartigkeit, wie sie nur der Gebrauch von Stempeln erklären kann, im Gegensatz zu dem endlosen Formenwechsel der Ornamente bei den übrigen Metallgeräthen dieser Zeit in Folge ihrer Herstellung durch Guss und Gravirung. Form und Grösse dieser Holzkistchen werden durch die Reste ihres Erzbeschlägs vollkommen erkennbar. Nach dem hier in Fig. 455 (a. f. S.) gegebenen Fundstück aus den Gräbern von Wallstadt (Mus. Mannheim) beträgt die Langseite des Kistchens 26 cm, die Höhe desselben 8 cm und die Breite 14 cm. Der Henkel in der Mitte des Deckels ist so schwach, dass er auf

---

[*] Die Beschreibung, welche Abbé Cochet von dem Funde eines solchen noch in seinen Bruchstücken erkennbaren Kistchens auf dem Friedhofe von Envermeu giebt, lässt es bedauern, dass er nicht zugleich eine Abbildung desselben bringt, ganz gegen sein nicht genug anzuerkennendes Verfahren, die Sachen selbst, und nicht allein die Ansicht des Autors sprechen zu lassen, p. 244, Sépultures Gauloises Romains-Franques et Normands.

keine irgend bedeutende Schwere des Inhalts schliessen lässt, und wir glauben nicht zu irren, wenn wir hier den Bewahrungsort der zum Theil werthvollen, nicht zu häufigem Gebrauch bestimmten Kleingeräthe annehmen. Zu erklären bliebe es sonst nicht, an welcher anderen Stelle manche nach Art und Gestalt, wie ihrem Werth nach sorgfältig zu beachtenden Gegenstände ihre Bewahrung finden konnten, wie die Geräthe zum Weben, Stricken und Nähen (letztere vertreten durch die goldene Nadelbüchse aus dem Grabe bei Alzey, Fig. 133), sowie die kugelförmigen und cylindrischen Behälter aus versilbertem Erz, Silber und Gold.

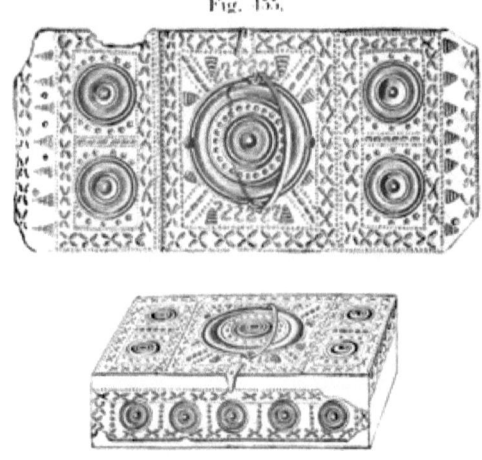

Fig. 155.

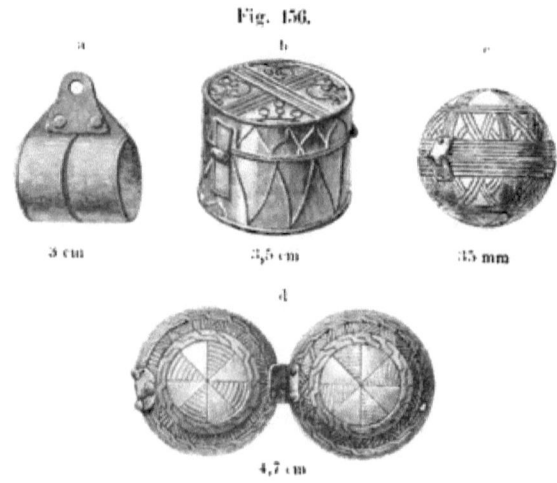

Fig. 156.

a 3 cm
b 3,5 cm
c 35 mm
d 4,7 cm

a Fundort: Dietersheim, Rheinhessen, Erz.
b   „   Horburg im Elsass, Gold.
c   „   Sprendlingen, Rheinhessen, Erz.
d   „   in der preussischen Rheinprovinz, Mus. Bonn, versilbertes Erz.

Diese meist reich verzierten Hohlkugeln und Cylinder sind, im Gegensatz zu der römischen Bulla, nicht mit einem Ring zum Anhängen versehen, aus dünnem Metall gefertigt und in ihrer Mitte getheilt, durch ein Scharnier zu öffnen. Ihr Inhalt ist leider früher niemals einer genauen Untersuchung gewürdigt worden, bis zur Auffindung des goldenen Büchschens in einem Grabe des alamannischen Friedhofes von Horburg im Elsass*) (Fig. 456 b), welches unter einer weisslichen Masse von aromatischem Geruche zwei bestimmt erkennbare Gewürznelken enthielt, eine Entdeckung, we'che die Bekanntschaft mit diesem Product der Tropenländer als ein Ergebniss weit älterer Handelsbeziehungen mit dem Orient, als die des 16. Jahrhunderts nachweist.

Es läge nahe, gleichen oder verwandten Inhalt seltener und kostbarer Gewürze oder Arzneimittel bei den gleichartigen Büchschen aus Silber und Erz zu vermuthen, allein der Mangel jedes thatsächlichen Nachweises beschränkt um so mehr das Interessante jenes Fundes auf den einzelnen vorliegenden Fall, als das etwas häufigere Vorkommen dieser cylindrischen Büchschen in den Gräbern der Angelsachsen und Westfranken auch keine sichere Auskunft über deren Bestimmung ergiebt. Die drei von Roach Smith in dem inventorium sepulchrale von Fausset (pl. XIII) abgebildeten Fundstücke der Grabfelder von Kent zeigen keine andere Verschiedenheit, als dass sie mit einer Vorrichtung zum Anhängen versehen sind. Ihr Inhalt wird als eine dunkelfarbige Substanz bezeichnet, welche nicht näher untersucht wurde, und die Vermuthung des Herausgebers, dass diese Büchschen zur Bewahrung von Nadeln und anderem zum Nähen erforderlichen Kleingeräthe gedient haben, kann sowohl mit dem Inhalt der Horweiler Büchse, wie jener in Frankreich gefundenen nicht übereinstimmen. Von diesen, im Ganzen ebenfalls drei Stücken ist nur der Inhalt des auf dem fränkischen Friedhofe von Conlie (Sarthe) entdeckten näher beachtet, und als eine harte Masse von dunkler Farbe bezeichnet worden, während die beiden gleichartigen, von Abbé Cochet aus den Gräbern von Euvermeu erhobenen Büchschen von demselben für Behälter geweihten Oels gehalten werden, unwahrscheinlich genug, zumal der Thatsache gegenüber, dass bis jetzt sämmtliche Funde dieser Büchschen von Erz und Gold nur aus Frauengräbern enthoben sind.

---

*) Eine Besprechung dieses anziehenden Fundes giebt H. F. A. Herrenschneider unter dem Titel: Argentovaria Horburg. Jahrbuch, Heft I. S. 25. und: Zur Geschichte der Gewürznelken. Ein antiquarischer Fund im Elsass, von H. Flückiger. (Journal de Pharmacie d'alsace Lorraine.)

Wir können diese so verschiedenartigen auf und neben dem Körper der Bestatteten niedergelegten Gegenstände nicht verlassen, ohne Erwähnung jener Kreuze aus dünnem Goldblech, welche diesseits der Alpen zwar äusserst selten, desto häufiger aber aus den Gräbern der Langobarden zu Tage treten*). (Taf. XXX.)

Dass dieselben als eine unverkennbare Eigenthümlichkeit der Hinterlassenschaft gerade dieses germanischen Stammes zu betrachten sind, bleibt um so sicherer anzunehmen, als bei den Franken, Alamannen, Burgunden und Angelsachsen dieses ausgesprocheuste Zeugniss christlichen Bekenntnisses nicht in der vorliegenden Form nachzuweisen ist, welche mehr byzantinischem als römischem Brauche entspricht. Goldkreuze dieser Art mit ihren stets wechselnden Verzierungen in den unverkennbaren Motiven des sechsten bis achten Jahrhunderts blieben bis jetzt in Deutschland sehr seltene Funde. Sie sind nur bei den mit den Langobarden in so vielfacher Berührung stehenden Bayern, ihren nächsten Nachbarn, erst in vier wohlerhaltenen Stücken nachweisbar, während alle sonst in deutschen Sammlungen befindlichen 12 bis 13 Nummern italienischen Grabfeldern enthoben sind**).

Mit Sicherheit ist es wohl anzunehmen, dass diese Kreuze aus dünnem Goldblech nicht, wie die Schmuckplättchen der Gewandnadeln, auf Metall befestigt, sondern unmittelbar auf den Kleidungsstoff geheftet waren, da bei keinem der bisher aufgefundenen Stücke eine metallische, die Befestigung vermittelnde Unterlage entdeckt wurde.

Das Anheften dieser Goldkreuze, welches nach byzantinischem Brauche mit der Verbreitung christlicher Lehre bei den Langobarden Aufnahme fand, darf auch bei den Gothen nach ihrem weit früheren Uebertritt zum Christenthum mit Sicherheit angenommen werden.

---

*) Die treffliche Schrift: Di due crocette auree del Museo di Bologna e di altre simili trovate nell' Italia superiore centrale, von Dr. Paolo Orsi, bespricht eine Zahl von 81 Funden dieser Goldkreuze auf dem Gebiete des Langobarden-Reichs von Trient bis Benevent, von Cividale bis Testona. Wir begrüssen diese Schrift als ein Zeugniss, wie vielseitigen Erfolges sich die bisher vernachlässigten Studien jener Periode der Culturgeschichte Italiens jetzt zu erfreuen haben, welche die so empfindlich bemerkte Lücke zwischen der römischen Zeit und dem Mittelalter nach jeder Richtung aufzuklären bestrebt sind.

**) Eines dieser Goldkreuze befindet sich in dem Germ. National-Museum zu Nürnberg, abgebildet von Essenwein, Mittheilungen aus dem Germ. Nat.-Museum, 1885. S. 110. Zwölf andere, zum Theil dargestellt auf Taf. XXX, sind im Besitz des Herrn Dr. Naue in München. Sie stammen aus den Gräbern von Monza, ersteres aus einem Grabe in der Umgegend von Mailand.

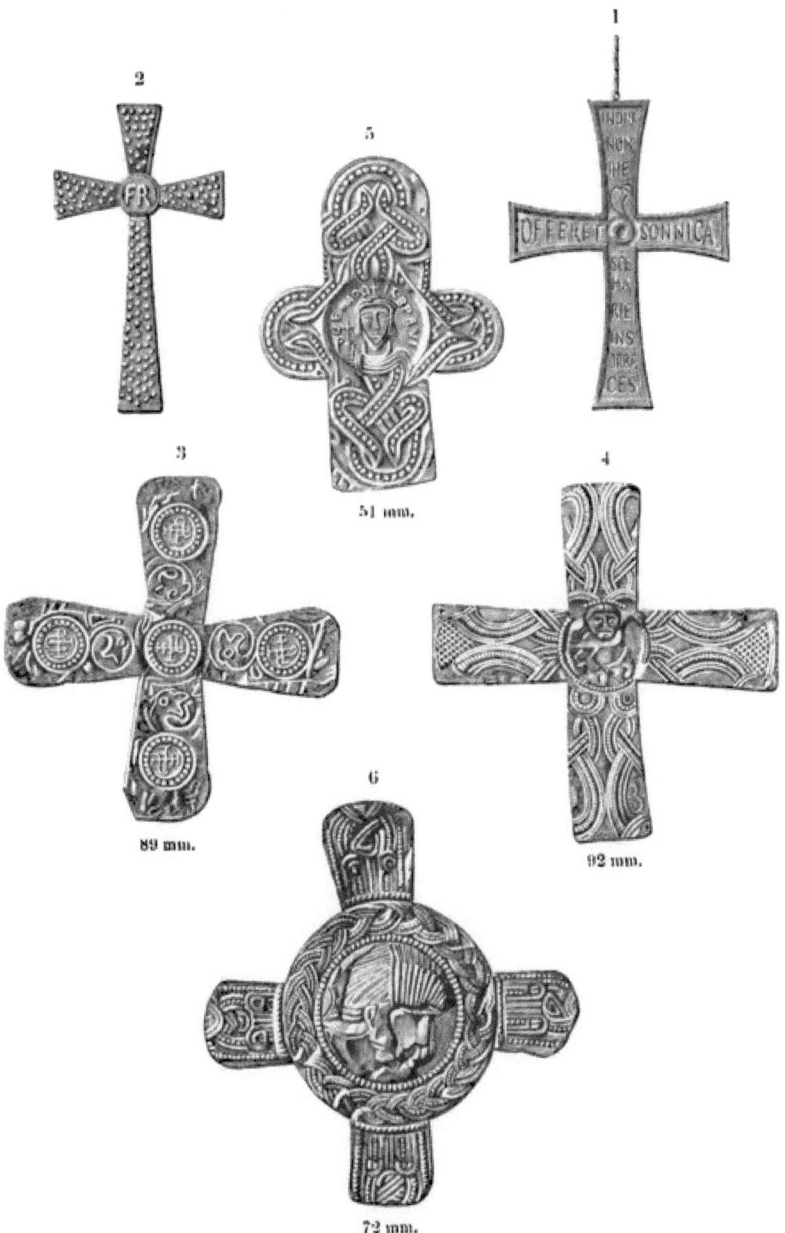

Text auf der Rückseite.

1. Goldenes Hängekreuz an einer der Votivkronen des Schatzes von Guarazar. Hôtel Cluny, Paris. — 2., 3. u. 4. Goldene Kreuze aus longobardischen Gräbern in Monza. Privatbesitz in München. — 5. Goldenes Kreuz aus einem Grabe bei Langenöhringen. Museum in Augsburg. — 6. Ebensolches unbekannten Fundorts. Museum in Stuttgart.

Je weniger aber von der Hinterlassenschaft dieses grossen germanischen Stammes erhalten ist, um so beachtenswerther sind die thatsächlichen Zeugnisse gleicher Aeusserung christlicher Sitte, wie sie in der goldenen Votivkrone des Westgothenkönigs Reccesvinth (Fig. 8 dieses Werkes) und fünf anderen, gleichartigen Goldreifen des Schatzfundes von Guarrazar vorliegen. Die in der Mitte dieser Kronen an Kettchen aufgehängten Goldkreuze sind gleich jenen des langobardischen Schatzes von Monza mit Edelsteinen besetzt, und zeigen in dieser Hinsicht einen Gegensatz zu den einfacheren, nur mit eingestanzten Ornamenten verzierten Kreuzen der langobardischen Gräber, die wir auch bei den Gräbern der Gothen um so mehr voraussetzen dürfen, als die Anregung zur Aufnahme dieses äusseren Zeichens christlichen Bekenntnisses bei den germanischen Stämmen, von gemeinsamem Ausgangspunkt, in einer Zeit, in welcher sich die Scheidung der römischen und griechischen Kirche noch nicht vollzogen hatte, zugekommen war. Wir geben auf Taf. XXX eines dieser westgothischen Kreuze, welches auf einer Seite gleich jenen des langobardischen Schatzes, mit kostbaren Edelsteinen besetzt, auf der anderen, unter Nr. 1 hier dargestellten, die Formel der Widmung mit dem Namen Sonnica führt [*]).

Nahe liegt es deshalb, dass die Uebereinstimmung, welche sich aus diesen reich ausgestatteten Kreuzen ergiebt, auch keinen wesentlichen Unterschied in Verwendung, Form und Verzierung der einfacheren, nur aus geprägtem Golde hergestellten Kreuze in den Grabstätten beider Volksstämme voraussetzen lässt.

Mit diesen bedeutungsvollen Kennzeichen einer neuen Bildungsentwickelung der deutschen Stämme schliessen wir die Betrachtung der zunächst bei dem Körper der Todten niedergelegten Ausstattung und wenden uns zu den übrigen, für Zeit und Brauch bezeichnenden Grabesbeigaben.

Zunächst sind es die beigesetzten Gefässe, welche unsere Aufmerksamkeit fesseln. Ihr verschiedenes Material, Holz, Thon, Horn, Glas, Metall, selbst Stein, kann uns um so weniger befremdlich erscheinen, sobald wir die Einflüsse beachten, welche sich auf die ver-

---

[*]) Nach den schönen Abbildungen dieser prachtvollen Kronen in der Schrift von Peigné de la Court: „Recherches sur le lieu de la Bataille d'Attila en 451", in welcher zum Zweck einer Vergleichung mit dem Grabfunde von Pouan, welcher dem Gothenkönig Theoderich zugeschrieben wird, die Grabalterthümer Childerich's I. und die weit spätzeitlichere goldene Krone des Königs Reccesvinth † 672, in vortrefflicher Lithochromie beigegeben sind.

schiedenartige, zu damaliger Zeit noch unentwickelte Erfahrung deutscher Stämme geltend machte. Die Verschiedenheit des Bechers von Glas von dem Fasse aus Holz, des Napfes aus Thon von dem Metallbecken sind zudem allzu bedeutend, als dass sie nicht zur getrennten Betrachtung aufforderten.

Von den grossen Gefässen sind die Eimer diejenigen, welche sich in Hinsicht ihrer Höhe zur Aufstellung in den Gräbern eigneten (Taf. XXXI). Sie sind meistens von zierlicher Arbeit, besonders jene, welche unter dem Erzbande, an das ihr Henkel befestigt ist, einen Kranz von Köpfen zeigen, welche mit ihren spitz zulaufenden Bärten auf die Holztafeln geheftet sind. Zwei quer laufende Reifen, oftmals auch senkrecht stehende Bänder von Erz schützen und zieren das Gefäss, welches meistens eine runde, doch auch manchmal eine ovale Form hat. In Rheinhessen, wo diese Eimer am häufigsten in den Gräbern sind, findet man solche von 13 cm bis zu 26 cm Höhe und einer Weite von 13 bis 22 cm.

Schon in früher Zeit hatte der Wein in Gallien seinen Werth, und Strabo wie Poseidonius schildern uns die Wirkungen, welche er auf die nordischen Helden hervorbrachte. Im Beowulf reichten die Schenken in „der hornreichen Halle des Königs den Wein aus Wunderfässern", denn Wein und Bier wurden in Fässern bewahrt. Bezeichnend ist die Stelle in dem Leben des heiligen Kilian, in welcher er das Fass (die cupa), aus welchem eine im Wald gelagerte Gilde von Alemannen ihrem Gotte Wodan zutrank, durch Anblasen zerstörte, unter dem Erstaunen der Trinker, dass ein festgebundenes Fass durch den Hauch des Mundes habe versprengt werden können. In das frühe Mittelalter reichen die mit Holzgefässen ausgestatteten Gräber von Oberflacht in Württemberg. Ihre Gefässe, kleinen Tonnen, Leuchter, Schüsseln und Teller verdienen ihrer geschickten Ausführung nach Beachtung und zeugen von ältester Ueberlieferung.

Die Tunna (das Fass), welche der Bischof Desiderius von Cahors († 655 Dom Bouquet) dem Bischof Paulus von Verdun schickt, ist ein Zeugniss für die Versendung des Weins, welches auch ein auf dem Wagen befestigtes Fass einer römischen Sculptur des Augsburger Museums bestätigt. Für die Vertheilung des Weins in Flascones aber giebt das Praeceptum Chilperici pro monasterio Anisiolensi (Dom Bouquet) einen Beleg.

Im Ganzen werden römische Flaschen in weit geringerer Zahl als Becher gefunden. Die unter Nr. 2, Taf. XXXIII abgebildete Weinkanne ist den Abbildungen von Glasgefässen des fränkischen

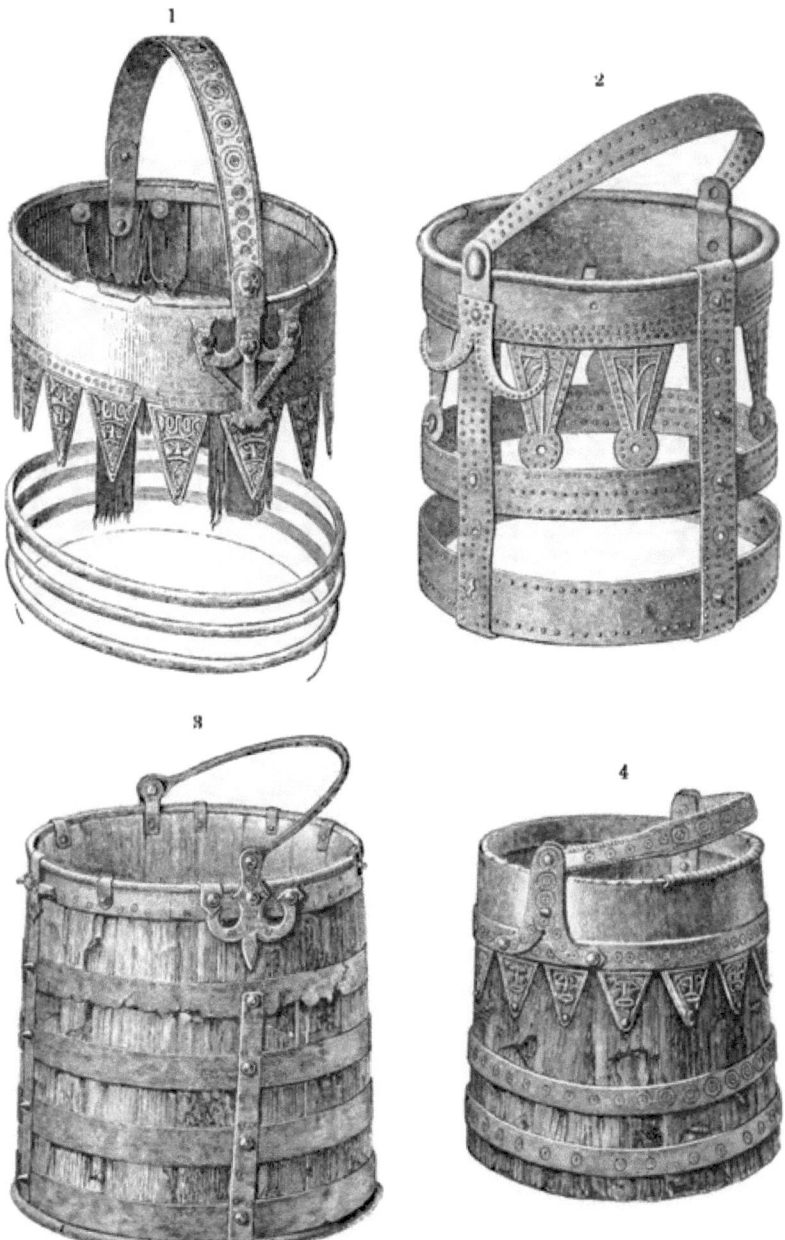

Text auf der Rückseite.

1. Eirunder Eimerbeschlag mit Resten der Holzwand. Der obere Beschlag ist aus Erz, die Reifen sind aus Eisen gebildet. Mus. von Wiesbaden. — 2. Eimerbeschlag ganz aus Erz. Aus dem Grabfelde von Long-Wittenham (Berkshire) nach Plate XVIII des Berichts von John Yonge Akerman in dem Bande XXXVIII der Archaeologia. — 3. Eimerbeschläge aus Erz mit Ausnahme des eisernen Henkels. Aus den fränkischen Gräbern bei Monsheim, Rheinhessen. Mus. von Mainz. — 4. Eimer mit Erzbeschlägen aus den Gräbern bei dem Schiersteiner Wege. Mus. von Wiesbaden.

1. Glasbecher aus den Gräbern von Selzen. Mus. von Mainz. — 2. Becher aus den Gräbern von Dalsheim. Mus. von Mainz. — 3. Becher aus den Gräbern von Oberflacht. Mus. v. Stuttgart. — 4. Schale aus der Umgegend von Selzen. Mus. von Mainz. — 5. Schale aus den Gräbern von Combe, Kent. Pagan Saxondom von Yonge Akermann. — 5a. Untere Ansicht derselben. — 6. Becher aus den Gräbern von Monsheim. Mus. von Mainz. — 7. Becher aus den Gräbern von Wiesbaden. — 8. Becher aus den Gräbern von Wiesbaden. — 9. Becher aus den Gräbern von Bungay in Suffolk. Pagan Saxondom von Yonge Akermann. — 10. Glasbecher mit Fuss und Henkeln, um den oberen Rand ein blaues Zickzackband und auf dem Körper willkürliche Verschlingungen von solchen, gefunden bei Kreuznach. Im Privatbesitz. — 11. Trinkhorn mit horizontaler Streifung aus den Gräbern am Dotzheimer Weg bei Wiesbaden. Mus. von Wiesbaden. — 12. Trinkhorn, grünliches Glas mit milchweisser Streifung, gef. im Rheinland. Mus. von Wiesbaden.

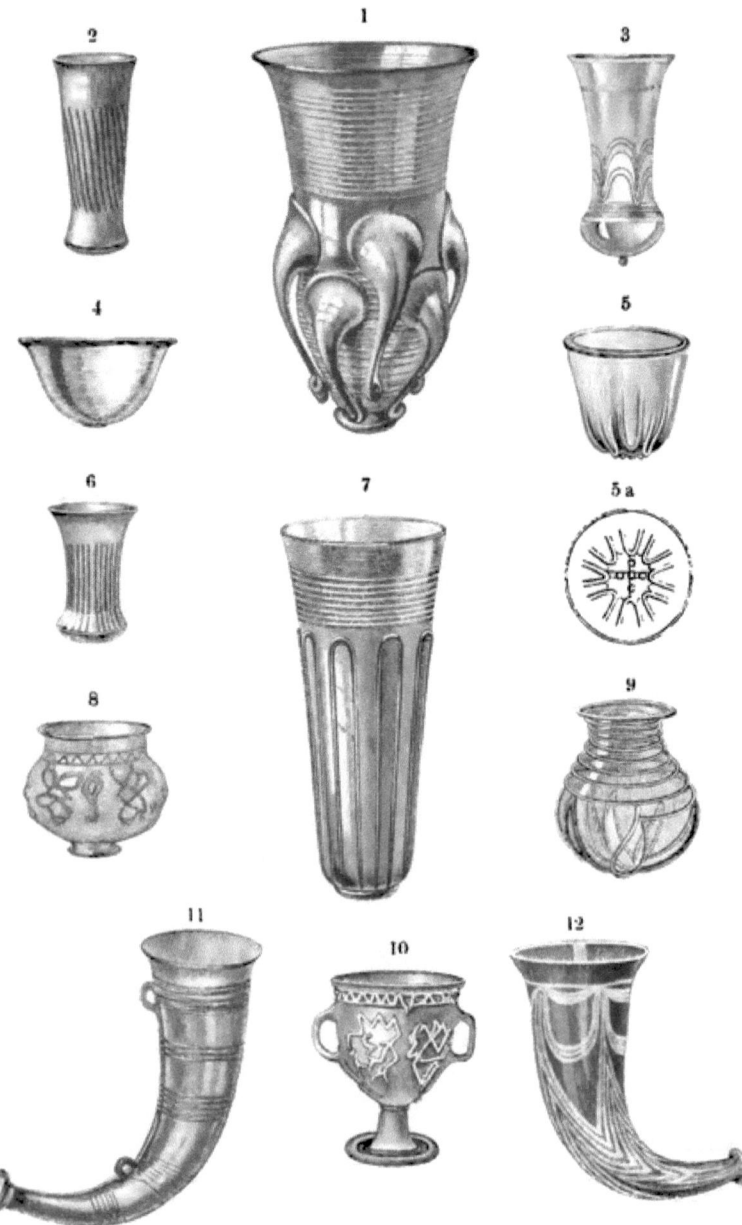

Text auf der Rückseite.

DIE ALTERTHÜMER DER MEROVINGISCHEN ZEIT. 477

Grabfeldes von Spontin entnommen und war unbedingt zuverlässiger im Gebrauch der Franken, als die Flasche von Seraing, welche, von anderer Gestalt, nur durch ihren fraglichen Inhalt die Annahme solchen Alters veranlasste.

Die Form der skala (Schale) ist die denkbar einfachste und entspricht den Gefässen der ältesten Zeit. Sie ist einfach rund, oder der Rundform sich nähernd, wie die Abbildungen 4 und 5 der Taf. XXXII, und 1, 3, 4, 6, 7, 8 der Taf. XXXIII bestätigen. Aufgesetzte blaue Streifen und Punkte bilden die Verzierung, oft auch das Mittel zur sicheren Anfassung dieser im Ganzen glatten Gefässe.

Mit ihrem Namen (skala) nennt der Diakon Paulus auch jenen Schädelbecher, den Alboin aus der Hirnschale seines Schwiegervaters, des Königs Kunimund, den er erschlug, fertigen liess und als Trinkgefäss benutzte. „Als der Fürst zu Verona länger als er hätte thun sollen beim Gelage sass, ergriff er die Schale und wandte sich mit der fröhlichen Aufforderung an die Königin, mit ihrem Vater zu trinken." Worte von tödlicher Wirkung, die das Schicksal des Königs besiegelten. Paulus sagt: „Möge dies Keiner für unmöglich halten, denn ich rede die Wahrheit in Christo und ich habe den Becher gesehen, wie ihn König Rachis bei einer festlichen Gelegenheit seinen Gästen zeigte."

Dass schon in früherer Zeit die Bojer den in Gold gefassten Schädel des römischen Feldherrn, den sie besiegt, in ihrem Tempel aufgestellt hatten, ist ein gleiches Beispiel dieser barbarischen Sitte.

Als eine Uebergangsform zwischen Schale und Becher könnten die Fig. 9 auf Taf. XXXII, und Fig. 3 der Taf. XXXIII bezeichnet werden. Das Vorkommen dieser Formen ist verhältnissmässig selten.

Im Gegensatz zu den Schalen sind die calices (Kelche) (Taf. XXXII) langgestreckt und nach unten abgerundet, oder in eine Spitze gezogen, andere haben zwar die Andeutung eines Fusses, doch ist er so klein und unregelmässig, dass auch sie nicht aufgestellt werden konnten. Antiker Ueberlieferung fremd, zeigen einige dieser fränkischen und angelsächsischen Trinkgefässe in ihren von oben nach unten gebogenen Ansätzen eine besondere Eigenthümlichkeit, welche es nur einem geübten Trinker möglich machte, den Becher, ohne ihn zu wenden, mit einem Male auszuleeren.

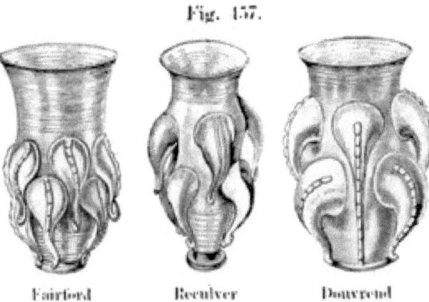

Fig. 157.

Fairford.   Reculver.   Douvrend.

Wir geben hier die Abbildung dreier Becher, welche ganz im Style der fränkischen Zeit, nur in Einzelheiten von einander abweichen.

Auch die Becher, welche ohne diese Ansätze, einfach mit Rippen und Bögen verziert sind, Fig. 2, 3, 6, 7, Taf. XXXII, haben keinen Fuss, auf den sie gestellt werden können, mit Ausnahme wenig zahlreicher Gefässe von der Art wie Fig. 8 und 10 (Taf. XXXII).

Eine andere Gattung der Trinkgefässe bilden die Hörner. Wie Cäsar die Hörner des Ur, in Silber gefasst, als Becher der Germanen schildert, so waren dieselben noch in weit späterer Zeit mit anderen Heiligthümern in den Tempeln der Slaven aufbewahrt. Der heilige Otto gedenkt derselben als cornua grandium taurorum agrestium deaurata et gemmis intexta, potibus apta (p. 68, vita St. Oddonis apud Ludwig). Die Nachbildungen solcher Hörner aus den fränkischen Grabfeldern sind dagegen aus Glas mit eingeschmolzenen, weissen Verzierungen, die, im Gegensatz zu der grünen Farbe des Ganzen, dem Gefässe eine besonders ansprechende Wirkung verleihen. Einige dieser Becher haben Henkel zum Aufhängen und sind mit umlaufenden Bändern verziert.

Ganz besondere Eigenthümlichkeiten bieten die mit Erz überzogenen Gefässe aus Holz und die Becher aus Stein (Fig. 9 und 10, Taf. XXXIII). Beide sind selten, aber unverkennbar in ihren Eigenschaften als Grabesbeigaben. Die letzteren sind aus lapis ollaris, der bekanntesten der weicheren Steinarten, gefertigt und mit Erzbändern umgeben, welche gegen eine Beschädigung des Gefässes schützen sollten. Eine grössere Art hat einen Henkel zum Tragen. Die Zahl der bekannt gewordenen Steinbecher dieser Art beträgt bis jetzt erst drei.

Ebenso selten sind bis jetzt die Becher, welche aus Holz gefertigt, aussen aber mit kunstvoll verziertem Erzblech überzogen sind.

Für die Darstellungen auf denselben lässt sich wegen theilweiser Zerstörung keine genügende Erklärung finden. Die für das abgebildete Stück gegebene (Fig. 11, Taf. XXXIII) ist so wenig klar, als die für ein anderes Exemplar, welches sich in der Sammlung von Herrn Josef Mayer in Liverpool befindet.

Ein drittes, sehr beschädigtes Gefäss, gefunden zu Wiesoppenheim, aufbewahrt im Museum von Worms, ist durch sorgfältige Herstellung soweit gebracht, dass es unter den sieben durch senkrechte Stäbe abgetheilten Gruppen Adam und Eva mit dem Baum der Erkenntniss und der Schlange, und, an anderer Stelle, bei einem segnenden Priester die Worte SALVATOR PIUS erkennen lässt.

Wenden wir uns jetzt zu den Metallgefässen, die zunächst fremdem Ursprung zuzuweisen sind, so begegnen uns zunächst die Bronze-

Tafel XXXIII. Zu Seite 477 und 478.

Text auf der Rückseite.

1. Glasbecher, gefunden in Nierstein. Mus. von Mainz. – 2. Flasche aus den Gräbern von Samson. Mus. von Namur. — 3. Glasbecher, gefunden in Oberolm. Mus. von Mainz. — 4. Glasbecher, gefunden in Oberolm. Mus. von Mainz. — 4a. Ansicht der unteren Seite. — 5. Glasbecher von Oberolm. — 6. Glasbecher von Armsheim. — 7. Nierstein. Mus. von Mainz. — 8. Monsheim. Mus. von Mainz. — 9. Widdersheim. Im Privatbesitz zu Starenberg. — 10. Long-Wittenham (Berkshire) bei John Yonge Akermann.

1. Schüssel, Erz, aus dem Gräberfelde von Gilton. Inventorium sepulcrale von Roach Smith. — 2. Gehenkelte Schüssel aus dem Gräberfelde von Wingham, Kent. Pagan Saxondom von Yonge Akermann. — 3. Schüssel aus den Gräbern von Freilaubersheim. Mus. von Mainz. — 4. Gehenkelte Schüssel von den Gräbern bei Long-Wittenham (Berkshire) von Yonge Akermann. — 5. Schüssel, gefunden zu Cullingstone, Kent. Proceedings of the society of Antiquaries of London, Vol. IV. — 6. Thongefäss. Osthofen. Mus. von Mainz. — 7. 8. 9. Thongefässe von dem Fränkischen Begräbnissplatze bei Samson in Belgien. Tom. VI der Annales de la Société de Namur von Eugène Del Marmol. — 10. Gefäss, gefunden in einem Grabe bei Nierstein. Museum von Mainz. — 11. Gefäss, gefunden bei Selzen. Museum von Mainz.

Text auf der Rückseite.

becken (Fig. 3, Taf. XXXIV), welche auf ihrem Rande mit einer grossen Zahl von eingeschlagenen Kreisen verziert sind. Dass sie sich schon zu römischer Zeit im Gebrauch befanden, beweist ein solches Becken mit römischer Inschrift aus dem Kastell von Niederbiber bei Neuwied, aber schon ihre Zahl in den Gräbern von Selzen wie in allen Friedhöfen dieser Zeit bezeugt ihre grosse Verbreitung unter Franken und Alemannen.

Schon entwickeltere Form zeigen die Schüsseln Fig. 1 und 2 (Taf. XXXIV). Letztere mit herabhängenden Henkeln und zugleich durchbrochenem Fuss, aus dem Gräberfelde von Wingham (Kent) und erstere aus jenem von Gilton mit kleinem Henkel und drei horizontalen Streifen.

Ein anderes häufig vorkommendes Gefäss ist Nr. 4 aus den Gräbern von Witenham (Berkshire) mit eisernem Henkel. Es hat keinen Fuss zum Aufsetzen, sondern scheint als Kochgefäss aufgehängt gewesen zu sein. Gefässe dieser Art, von verschiedenster Grösse, haben sich namentlich in England und Deutschland aus älterer Zeit im Gebrauche erhalten. Die Grösse dieses Kessels wechselt zwischen 20 bis 30 cm Weite und 14 bis $19^1/_2$ cm Höhe.

Merkwürdig erscheint im Gegensatz zu diesen Gefässen eine Erzschale mit rothem Email geschmückt, aus einem Grabe bei Lubbingstone (Kent), Fig. 5. Ihre Verzierungen, Darstellungen von Thieren der Jagd, sind so eigenthümlich, dass sie mit vollem Rechte den Werkstätten der erwachenden Kunst der Angelsachsen zugeschrieben werden muss.

Sie ist allem Anscheine nach eine jener Trinkschalen, welche wir auf der Abbildung eines Gelages der Thane und in den Händen derselben erblicken (siehe Thomas Wright, A History of English culture, p. 41).

Es erinnert diese kostbare Schale an die zwei Becken (bachinon duo) aus Holz, mit Gold und Edelsteinen bedeckt, welche die Königin Brunhilde an König Richared sandte. Auch an die nappa, die Walthari dem Könige reicht*).

Die Thongefässe, zu welchen wir jetzt übergehen, umfassen im Ganzen die stets verschiedenen Gestaltungen der gehenkelten, mit Ausguss versehenen Gefässe, die Krüge und die immer wechselnde Form der Näpfe. Die Deckel zu denselben sind selten erhalten.

Auf Taf. XXXIV geben wir in Fig. 8 einen Kochtopf, und in Fig. 7 und 9 Krüge aus den Gräbern von Samson in Belgien. Die

---

*) Et simul in verbo nappam dedit arte peractam
Ordine sculpturae referentem gesta priorum.

Abbildungen 6, 10, 11 erläutern die Form des Kochtopfes in den Rheinlanden.

Sämmtliche auf Taf. XXXIV und XXXV dargestellten Gefässe geben ein Bild der Vasenform der Zeit. Zumeist schwarz, doch auch roth, sind sie stets abwechselnd in Grösse und Verzierung, so dass sich unter den vielen Hunderten von Gefässen, welche in den Sammlungen vorliegen, schwerlich ganz gleiche Stücke finden würden. Die Ornamente sind nicht ohne Geschmack in grosser Mannigfaltigkeit, theils eingedrückt, wie bei Fig. 1, 3, 5, 6, Taf. XXXV, theils aufgemalt, wie bei Fig. 2, jedoch immer nur in einer Farbe, oder sie sind erhöht, wie auf Fig. 4.

Dieses letztere Gefäss, aus Rheinhessen stammend, zeigt eine Verzierungsweise, die in Süddeutschland selten erscheint, für die Reihengräber Hannovers aber charakteristisch ist.

Eine bemerkenswerthe Verschiedenheit mit den Töpfereien der älteren Zeit ergiebt sich aus diesem Ueberblick. Es ist das gänzliche Verschwinden der Neigung zu vielfarbiger Herstellung dieser Gefässe, wie sie im Südwesten unseres Landes in allgemeinem Gebrauche war und den Töpfereien der heidnischen Zeit einen eigenthümlichen, nicht unschönen Charakter verlieh. Werfen wir einen Blick auf die Gesammterscheinung der Gefässe dieser Periode, so erhalten wir Einsicht in die Wandelung des Styls der einheimischen.

Die grossen Kessel aus Thon zum Brauen der Getränke verschwinden gänzlich aus den Gräbern. Die kleineren Gefässe verwandeln sich in Kochtöpfe und Schüsseln und die Schalen aus gebranntem Thon in Glasbecher. Selbst die Gefässe der Römer, welche zum grossen Theil erhalten waren, verschwinden bald in den Händen der Eroberer. Dass die Thongeschirre sich nicht längere Zeit im Gebrauche erhalten konnten, ist begreiflich, aber höchst lehrreich, was uns Gregor über die Verwendung der Metallgefässe, und zwar derjenigen aus Edelmetall, erwähnt. Chilperich zeigt Gregor einen Tafelaufsatz, der aus Gold und Edelsteinen gearbeitet war, 50 Pfd. schwer, und sagt: „Ich habe das zum Ruhm und Glanz des Frankenvolkes fertigen lassen und werde bei längerem Leben noch mehr der Art ausführen" (Gregor IV.). Ein anderes Mal (Gregor VIII.) zeigt König Gunthram zu Orleans bei Tische die Silbergeräthe, die er dem treulosen Mummolus abgenommen: „15 Schüsseln, so gross wie die dort steht, habe ich schon zerschlagen, und ich habe nur diese jetzt noch behalten und eine andere, 470 Pfd. schwer." Der Gothe Sisenand verspricht dem König Dagobert für seine Hülfe gegen König Sintila

Tafel XXXV. Zu Seite 480.

Text auf der Rückseite.

1. Thongefäss aus einem Grabe in Worms. Mus. v. Mainz. — 2. Thongefäss aus den Gräbern von Oberflacht. Mus. von Stuttgart. — 3. Thongefäss aus den Gräbern von Niederstotzingen. Mus. von Ulm. — 3a. Vergrösserte Details seiner Verzierung. — 4. Thongefäss aus den Gräbern von Wiesoppenheim. Mus. von Worms. — 5. Thongefäss aus den Gräbern von Pfullingen. Sammlung des Grafen Wilhelm von Würtemberg auf Schloss Lichtenstein. — 6. Thongefäss aus den Gräbern von Ulm. Mus. von Ulm.

DIE ALTERTHÜMER DER MEROVINGISCHEN ZEIT. 481

ein 500 Pfd. schweres, goldenes Becken, das ein kostbares Kleinod im Schatze der Gothen war, und der König Thursemod einst von dem Patrizier Aetius erhalten hatte. Später erhielt Dagobert für dieses Becken, welches ausgeliefert, aber von den Gothen wieder geraubt war, 200 000 Schillinge von König Sisenand. (Fredegari chronic. c. 31 *).

Goldene Schalen waren, nach dem Zeugniss des langobardischen Geschichtschreibers, übliche Geschenke an Gelehrte**) und Kaiser Ludwig reichte dem Papste Stephan beim Abschied zwei Becher aus Gold und Steinen gefertigt. - Goldene Gaben man bringt, darauf folgen die Silbergefässe***). Auch im Beowulf liegen in der Höhle des Drachen Becher und Krüge, Teller und theure Schwerter†).

Das Hauptgetränk der Vornehmen war der Wein, während von der Mehrzahl in Deutschland Bier getrunken wurde. Obgleich über die Menge des nach den Schilderungen der Romanen vertilgten Nasses gerechte Zweifel bestehen, so ist es doch gewiss, dass an den Höfen der Könige und bei den Edlen, die sich ein Beispiel nahmen an dem Luxus der Romanen, in dieser Beziehung Bedeutendes geleistet wurde.

Wenn wir annehmen sollten, dass die höchsten Kreise auch das Volk in das Verderben fortrissen und die Aeusserungen von Unmässigkeit, wie sie in den Berichten der Romanen bis zum Ueberdrusse wiederkehren, durchweg auf Wahrheit beruhen, so müssten wir zugleich das ganze Volk der Franken und Alamannen als versumpft und verwildert betrachten, unfähig einer weiteren Entwickelung. Die Klagen römischer Berichterstatter, der Bischöfe, vor Allen Gregor's, der nur das Schicksal der Kirche im Auge hatte, sind demnach zu beurtheilen. Letztere war durch die Aufnahme von Unwürdigen mehr bedroht, als durch den Gang der Ereignisse, die mit ihrem Gewicht den Einfluss der Kirche verstärkten. Wie in dem späteren Mittelalter herrschte vorzugsweise in den Kreisen des Adels und nicht in jenen des Mittelstandes eine Verwilderung der Sitten.

---

*) Von dem unerhörten Luxus der Römer aus den Zeiten der Kaiser Claudius und Nero erzählt Plinius ein bezeichnendes Beispiel. Die Begleiter des Sklaven Rotundus, der von Drusilla's Haushalt in den kaiserlichen übergegangen war und die Stelle des Cassirers in Hispania ulterior bekleidete, besassen silberne Schüsseln von 250 Pfund Gewicht, während ihr Herr im Besitz eines doppelt so schweren war, zu deren Verfertigung man eine eigene Werkstatt hatte erbauen müssen.
Dr. H. Lehmann, Claudius und Nero und ihre Zeit. Gotha 1858.
**) Paulus Diaconus VI. 8.
***) Ermoldus Nigellus V, 163, II.
†) Beowulf vers 3053.

Wein mit Wermuth und Honig gemischt wurde den Gästen zum Willkomm und Abschied gereicht.

Nach der Ermordung des Bischofs Prätextatus bedrohte einer der fränkischen Grossen Fredegunde unter den schwersten Vorwürfen. Darauf lässt ihn die Königin zum Mahle einladen und als er dies abschlägt, wiederholt sie die Bitte, mindestens einen Becher zu leeren, auf dass er nicht, ohne irgend Etwas genossen zu haben, den königlichen Pallast verlasse. Er blieb und trank den Becher: der Trank war vergiftet (Gregor VIII, 31).

Süss gewürzter und starker Wein wurde vorgezogen. Latizinischen und Gazitinischen wünscht Claudius, der den Berulf in der Kirche zu Tours täuschen und tödten soll (Gregor 7, 29). Glühwein brauten sich die Wächter bei dem Grabmal, in welches sie den Priester Anastasius, auf Befehl des Bischofs Cautinus, eingesperrt hatten (Gregor IV, 12).

Das Leben in den Dörfern war einfacher und die Mitgabe der Becher in die Gräber mag wohl dem berechtigten Genuss der Gottesgabe, aber nicht der ausschliesslichen Vorliebe für den Trunk zugetheilt werden. Waren doch zugleich auch Schüsseln und Teller beigesetzt, auf welchen die Speisen dem Bedürfniss der Nahrung entsprechen sollten. Die sinnliche Auffassung des künftigen Lebens konnte solcher Mittel nicht entbehren, welche so lebhaft an die Freuden des Daseins erinnerten. Was die Küche betrifft, so war sie ebenso verschieden, je nach dem Umfang des Vermögens und der Stellung des Hauses in Bezug auf Pflichten der Repräsentation. In den königlichen Höfen mussten für die Küche eine Anzahl gemästeter Ochsen, Schafe und Schweine bereit sein, ebenso Gänse und Hühner, und saubere Herstellung der Speisen war sorgfältig überwacht. Insbesondere waren Speck, Rauchfleisch, Sülze, Pöckelfleisch, Wein, Essig, Maulbeerwein, gekochter Wein, Garum*), Senf, Käse, Butter, Malz, Bier, Met, Honig und Mehl Hauptbestandtheile der Vorrathskammer.

Ein römischer Feinschmecker, wie Venantius Fortunatus (carm. 14 u. 15, 2 bis 3), versäumte niemals, die ihm vorgesetzten Gerichte zu nennen, sowohl den höchst geschmackvoll bereiteten Fisch, als die Milchcrème, Prünellen und anderen Süssigkeiten, welche ihm bei der Königin Radegunde und der Aebtissin Agnes vorgesetzt wurden. Besonders waren junge Hühner beliebt. Geflügel mit Erbsen speiste Gregor an der Tafel Childerich's und ein anderes Mal erwähnt er

---

*) Garum est liquor piscium salsus, mixtum herbarum et fructuum succis diversis. Isidor Etymol. XX, 3, 19.

DIE ALTERTHÜMER DER MEROVINGISCHEN ZEIT.

als erstes Gericht Gemüse und als letztes Eierkuchen, der mit Datteln und Oliven garnirt war*).

Karl der Grosse liess nie mehr als vier Gerichte auftragen, ausser dem Braten, den er, gegen den Rath der Aerzte täglich zu sich nahm.

Dass es anders in den Häusern des Mittelstandes und der armen Franken aussah, bedarf keines Nachweises. Noch galt das alte Pflichtgebot der Gastfreundschaft, welches Tacitus, als bei unseren Landsleuten bestehend, erwähnt, wie schwer es auch Manchem werden mochte, der Aufgabe zu entsprechen. Erst im neunten Jahrhundert musste mit strengen Strafen gegen diejenigen vorgegangen werden, welche, diesen alten Brauch missachtend, dem Gaste Schutz und Obdach versagten**).

Beim Mahle selbst, wenn es nicht im engeren Kreise gehalten wurde, waltete die heiterste Stimmung, besonders, wenn eine Zither oder Harfe bei der Hand war, den Gesang zu begleiten, welcher abwechselnd der Reihe nach den Tischgenossen oblag***). Was die Römer über die Art dieses Gesanges urtheilen, verdient so wenig einen unbedingten Glauben, als heutzutage das Urtheil der Romanen über die Singweise der Süddeutschen und Tyroler, welche noch am unbefangensten die Art dieser Lieder wiedergeben.

Es waren Liebes-, Spott- und Trutzlieder, welche den Gegenstand dieser Dichtungen bildeten, andererseits aber ernste Erinnerungen an die vorzeitlichen Geschicke des Volkes, die als grossartige und tragische Ereignisse der Vergangenheit vorgetragen wurden, wie Beowulf, das Hildebrandslied, die Nibelungen. Bernlef†) war einer der letzten Sänger dieser alten einheimischen Schule. Karl der Grosse sammelte die alten Lieder, welche die Thaten und Kämpfe der Könige schilderten, und nicht genug zu beklagen bleibt es, dass Ludwig, sein Sohn, dieselben vernichtete††).

---

*) Gregor Tur. liber in glor. martyr. c. 79. Gastmähler und Trinkgelage der Deutschen von Fr. Ant. Specht.

**) Leges Burgundionum, c. 38.

***) Wie Beda (IV. 24) erzählt, wusste sich der Dichter Caedmon, der ohne musikalische Begabung war, dieser Sitte zu entziehen, indem er mitten in der Mahlzeit aufstand, um die Tafel zu verlassen, sobald er sah, dass sich die Zither seinem Sitze nähere.

†) Vita St. Ludgeri. Ludgero oblatus est caecus, vocabulo Bernlef, qui a vicinis valde diligebatur, eo quod esset affabilis, et antiquorum actus et regum certamina bene noverat, psallendo promere.

††) Einhardi vita Caroli c. 8. Barbara et antiquissima carmina, quibus veterum regum actus et bella canebantur, memoriae mandavit.

Beowulf giebt ausser anderen zahlreichen Stellen die bezeichnenden Worte: „Der Recke schläft, der Held im Hügel, da fehlte Harfenklang, Sang in den Sälen, wie er sonst da hallte." Was Ammian Marcellin, die Eigilsaga und der poeta Saxo berichten, stimmt zu dem, was Sidonius Apollinaris bei Schilderung einer burgundischen Hochzeit mittheilt*).

Schon Theodorich, der König der Ostgothen, hatte auf den Wunsch Chlodovech's demselben einen geschickten Zitherspieler gesendet**), und Gelimer, den König der Vandalen, lässt Procopius in der trostlosen Lage seiner Eingeschlossenheit eine Zither verlangen***).

Das Harfenspiel war so beliebt bei den germanischen Stämmen, dass das Gesetz der Angeln und Variner den Harfner schützt gegen eine Beschädigung seiner Hand durch Erhöhung der Strafe für ein solches Vergehen um den vierten Theil.

Die karolingischen Gesetze und die Verordnungen des Bischofs Hinkmar von Reims lassen keinen Zweifel an der allmäligen Ausartung dieser allgemein üblichen Gesänge bei den Gelagen und Festlichkeiten des Volkes, sowie an deren Zusammenhang mit altheidnischen Sitten. Ob die sogenannte zerbrochene Harfe oder Zither aus den Gräbern von Oberflacht wirklich ein musikalisches Instrument war, kann aus dem jetzigen Zustande des Fundstückes nicht mehr erkannt werden, namentlich da noch keine Sicherheit über die Gestalt der alten Musikgeräthe gewonnen wurde und gerade von den ältesten kein aufschlussgebendes Stück erhalten ist. Wir wissen nur aus Pollux, dass das fünfseitige Organum von den Scythen erfunden ist†).

Werfen wir noch einen Blick auf die Spiele, für welche schon die ältesten Nachrichten den germanischen Stämmen eine leidenschaftliche Vorliebe beilegen. Männern und Frauen gemeinsam war das Brettspiel, welches auch bei den Römern schon eine beliebte Unterhaltung war. Nach Gregor konnte sich die Aebtissin von Poitiers bei den gegen sie auch in dieser Beziehung erhobenen grund-

---

*) Ammian Marcellin XV, c. 9. Bartholini antiquitates danic., p. 66. Poeta Saxo ad annum 814. — Sidon. Appollinaris: Colle propinquo barbaricus resonabat hymen, scythicisque choreis — nubebat flavo similis nova nupta merito.

**) Cytharoedem etiam arte sua doctum, pariter destinavimus expeditum, qui ore manibusque consona voce cantare, gloriam vestrae potestatis oblectet.

***) Citharam panem et spongiam petit, Procop. bell. Vandal. II. 6.

†) Pollux IV, c. 9 u. 60. Sed quinquechordium organum a Scythis repertum est.

losen Vorwürfen damit entschuldigen, dass sie schon mit der heiligen Radegund Brett gespielt habe*). Sage und Geschichte erwähnen dasselbe nur, wenn es die Lage der betheiligten Personen besonders bezeichnet. So wird der Herulerkönig Rodulf, welcher unbekümmert in den Ausgang der blutigen Schlacht gegen die Longobarden im Brett spielt, von dem letzteren erschlagen, und der Hausmaier Protadius, der zum Kampf gegen seinen Gebieter Theodorich aufreizte, während er beim Brettspiel sitzt, getödtet**). Das schon nach Tacitus bei den Germanen eifrig geübte Würfelspiel der Wurfzabel, blieb bis in das späte Mittelalter ungeachtet der Einsprache der Concilien und Synoden bevorzugt.

Ausser diesen das Leben der Zeit bezeichnenden Zügen haben wir noch einen wichtigen Theil des Grabinhaltes zu erwähnen: die **Münzfunde**, deren Gleichartigkeit bis zum Anfang der Karolinger Zeit herabreicht, mit welcher bei den Franken wenigstens die altnationale Bestattungsweise nach heidnischem Brauche zu Ende geht, und der Charakter der Gräber ein wesentlich anderer wird.

Dass diese Thatsache von so grosser Bedeutung nicht in derselben Gleichmässigkeit wie die übrigen zeitbestimmenden Merkmale auf allen jenen Friedhöfen nachzuweisen ist, bleibt aus zwei Gründen leicht zu erklären. Einmal ist erst in den Jahren 1846 und 1847 in Deutschland bei den Ausgrabungen in Selzen, in Belgien bei jenen von Lede, eine besondere Aufmerksamkeit der Auffindung jener kleinen Formen von Gold- und Silbermünzen zugewendet worden, wie sie den Geprägen der byzantinischen Kaiser und der merovingischen Könige eigenthümlich sind; andererseits war die Zahl der barbarischen wie byzantinischen Münzen an und für sich weit geringer, als die Masse der damals noch in vollem Umlauf befindlichen älteren, römischen Münzen, deren Gebrauch in Frankreich wie in Deutschland in eine bis jetzt noch nicht mit Sicherheit bestimmbare Spätzeit fortdauerte.

Schon in dem Grabe Childerich's I. († 481) umfassen die Münzen einen ausserordentlich grossen Zeitraum: während die 100 Goldstücke nur sieben gleichzeitige ost- und weströmische Kaiser bis zu Zeno (471 bis 491) repräsentiren, reichen die 40 Silbermünzen, welche Chiflet***) nach Zerstreuung von 160 anderen Stücken noch bestimmen konnte, mit Ausnahme einer Consularmünze, von Nero bis Constan-

---

*) Gregor X. 16.
**) Fredegar. Chron. 605.
***) Le tombeau de Childéric I par M. l'abbé Cochet. pag. 421 und ff.

tius dem Jüngeren († 350). Unter diesen fallen sieben auf Trajan und Hadrian und 30 allein auf die Familie der Antonine. Es zeigt sich hier schon das in allen Gräbern dieser Zeit beobachtete Verhältniss: dass jene Kaisermünzen, welche in grösster Menge im Umlauf waren und deshalb auch sonst überall am häufigsten gefunden werden, auch in den Friedhöfen am zahlreichsten zu Tage kommen, während die Münzen der späteren und letzten Kaiser, die man gerade hier am häufigsten erwarten sollte, ursprünglich schon in geringerer Zahl vorhanden, auch in den Gräbern seltener erscheinen. Die einzige Ausnahme bieten die Münzen der constantinischen Familie, welche aber in Gallien und den germanischen Provinzen überall und so auch in den Gräbern der merovingischen Zeit ausserordentlich häufig sind.

Ein rascher Ueberblick der bekanntesten Todtenfelder wird am besten den grossen Zeitabstand der hier niedergelegten Münzen klarstellen, nach welchem die Angaben der spätzeitlichsten, welche in den verschiedenen Ländern so sehr übereinstimmend lauten, auch für diejenigen Friedhöfe maassgebend erscheinen müssen, auf welchen jene, immerhin seltenen, nur bei grosser Vorsicht aufzufindenden Gepräge entweder wirklich fehlten, oder unbeachtet geblieben sind.

In den angelsächsischen Gräbern Englands fanden sich: bei Wilbraham römische Münzen von Trajan bis Constantinus M.; bei Gilton: von Nero bis Justinianus; bei Kingston: von Claudius I. bis Constantinus M.; bei Sibertswold: Münzen der merovingischen Könige.

In Frankreich zeigte sich auf den von Abbé Cochet untersuchten Todtenfeldern: zwei gallische Goldmünzen als Anhänger, römische Münzen von den Grosserzen der ersten Kaiserzeit bis zu Gratianus († 383) und eine barbarische Copie einer Goldmünze des Justinianus. Merovingische Münzen: fünf goldene, einen Zeitraum von 60 Jahren, von 640 bis zum Anfang des achten Jahrhunderts, umfassend, und sechs silberne des sechsten Jahrhunderts. In den Grabfeldern der Isle de France reichen die Münzen von Augustus bis Gratianus; in der Picardie und dem Artois von Augustus bis Valentinianus und Anastasius († 518); in der Champagne zu Scrupt: gallische und römische Münzen bis Valentinianus; zu Verrieres: von Nero bis Constantinus M.; in Burgund zu Charnay: gallische und römische Münzen, dabei die barbarische Copie einer römischen Goldmünze.

In der Schweiz zu Belair: von Augustus bis Magnus Maximus.

In Lothringen zu Remmenecourt: von Tiberius bis Constantinus M., im Ganzen von Claudius I. bis Honorius; zu Kirschnaumen bei Sirk: Goldmünze des Anastasius in dem Munde des Todten.

In Belgien zu Lede: römische Consularmünzen, eine barbarische Copie einer römischen Goldmünze, eine Goldmünze von Childebert († 558). Samson, 60 Stück bis Athanarich, ein Marc Aurel in dem Munde eines Todten.

In Deutschland zu Fridolfing: von Trajanus bis Maximianus Herculius († 316); zu Nordendorf: von Hadrianus bis Valens († 378); zu Selzen: Constantinus M. und Justinianus; zu Oberolm: 21 römische Münzen von Titus bis Magnus Maximus, eine barbarische Copie einer Goldmünze des Anastasius; eine byzantinische kleine Silbermünze, drei merovingische Gold- und zwei eben solche Silbermünzchen, die letzten noch nicht näher bestimmt; zu Wiesbaden: eine Goldmünze des ostgothischen Königs Theodehat († 536); zu Bodenheim eine Goldmünze des Totila.

Alle diese Münzfunde reichen nach der einen Seite weit über die Zeit der Grabfelder, selbst zum Theil über jene der römischen Herrschaft und durch die gallischen Münzen noch über die Eroberung dieses Landes durch die Römer hinauf. Zum Glück hat sich keine dieser letzteren in eines der deutschen Grabfelder verloren, sie würde bei unseren Keltenfreunden die Würdigung jedes anderen zeitbestimmenden Umstandes für immer unmöglich gemacht haben. Wenn uns das Grab Childerich's I., welches wir bis jetzt unbedingt für das am sichersten datirte und als das älteste aller gleichartigen Gräber betrachten dürfen, in dem Goldstücke des Julius nepos vom Jahre 475 die spätzeitlichste der occidentalischen Kaisermünzen aller dieser Grabfunde darbietet, so wird damit allein schon den sämmtlichen übrigen Römermünzen des ersten bis vierten Jahrhunderts ihre Beweiskraft für die Zeitstellung entzogen, und auf jene der byzantinischen Kaiser Anastasius († 518) und Justinianus († 565), sowie auf die einheimischen Münzen übertragen, welche bis zum Anfang des achten Jahrhunderts herabgehen, insofern wir die in beiliegenden Gräbern oder in der Nähe der älteren gefundenen karolingischen Münzen ganz ausser Betracht lassen.

Es begegnen uns hier Gepräge des Chlodovech, Athalarich, Theodehat, Totila (als Baduila), Theodebert, Childebert, Chlotar II., Dagobert und seiner Nachfolger bis gegen das erste Jahrzehnt des achten Jahrhunderts.

Das Einzige, was den hieraus sich ergebenden Schluss um Weniges modificiren könnte, wäre das Ergebniss einer genaueren Bestimmung jener sehr schwer zu entziffernden Silbermünzchen des Grabfeldes von Envermeu, in welchen man den Typus der ältesten ripuarischen Königsmünzen erkennen will, und von welchen gleichartige, ebenfalls nicht bestimmbare in den Grabfeldern von Oberolm bei Mainz zu Tage kamen.

Im Ganzen also ergiebt sich aus den Münzen, dass die Zeit der Grabfelder vom Ende des fünften Jahrhunderts bis zum Anfange des achten Jahrhunderts reicht. Genauer und nach dem Zeugniss der Mehrzahl beschränkt sich dieselbe auf das sechste und siebte Jahrhundert.

Mit der Kunst, die eigenen Gedanken oder das gesprochene Wort aufzuzeichnen, der Geschicklichkeit des Schreibens, waren Wenige vertraut. Eine der ältesten Nachrichten, die uns erhalten ist, giebt uns der heilige Hieronymus, indem er in seinem hundert und sechsten Briefe sagt: „Schon schickt sich die vom Halten des Schwertgriffs schwielige Hand des Germanen, und die für die Führung der Pfeile geeigneten Finger zum Gebrauche des Stylus und der Feder." Die Uebersetzung der heiligen Schrift durch den Bischof Ulfila ist das einzige ehrwürdige Denkmal germanischer Sprache, das uns aus jener Fernzeit erhalten blieb, während die Gesetze der Franken, Alamannen, Burgunden und Gothen in römischer Sprache abgefasst sind, deren die Mehrzahl der einheimischen Bevölkerung jener Reiche, nach mehr als 500 Jahren römischer Herrschaft, vollkommen mächtig war. Sicher erscheint es, dass die Sprache, in welcher König Chilperich die Nachahmung des Sedulius versuchte und die seiner übrigen geistlichen Lieder und Kirchengesänge die römische war, desto ungewisser aber, ob der Brief Brunehilden's an den Hausmeier Alboin, der in kleine Stücke zerrissen und wieder auf einer Wachstafel befestigt wurde, in fränkischer Sprache geschrieben war. (Fredegari chronicon ad. ann. 612 bis 613.)

Entschieden mehr Gewissheit haben wir in Bezug der Runenschriften auf Schmuckgeräthen und Waffen. Jetzt, nachdem 37 dieser Schriften in deutschem Boden gefunden sind, wird es begreiflich, dass die Nordländer ihren bisherigen ausschliesslichen Anspruch auf diese eigenthümliche Schrift aufgeben mussten. Nicht in der Lage, jedoch eine eigene Ansicht über dieselbe aussprechen zu wollen, erwarten wir die Ergebnisse der Untersuchung unserer ausgezeichneten Sprachgelehrten, die sich schon einige Zeit hindurch mit ihrer Deutung befasst haben.

DIE ALTERTHÜMER DER MEROVINGISCHEN ZEIT. 489

Wir geben in Fig. 458, 459 und 460 die Rückseite von drei Spangen, deren bedeutendste aus dem Grabfelde von Nordendorf stammt und im römisch germanischen Museum zu Mainz von ihrem Roste gereinigt wurde. Es wurde bei dieser Gelegenheit die merkwürdige Inschrift entdeckt, welche schon so manche widersprechende Erklärung veranlasste. Nach der von Herrn Professor Dietrich in Marburg zuerst gegebenen lautet die längere Hauptinschrift, in welcher

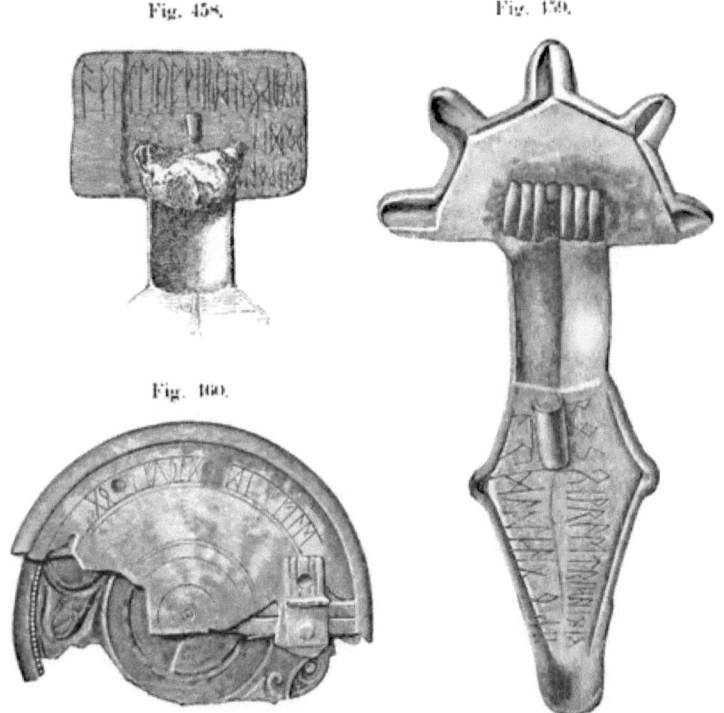

Fig. 458.   Fig. 459.

Fig. 460.

er mit zwei kleinen übergesetzten Zeichen zusammen 27 Runen findet:

LONATHIORE VODAN VINVTH LONATH, den in entgegengesetzter Richtung folgenden, kürzeren, nur 12 Runen enthaltenden, aber grösseren Theil: ATHALEVBVINIS, wovon die drei ersten etwas verriebenen Zeichen vielleicht ABA gewesen seien. Die Hauptinschrift deutet er: lona thiore (statt diore) vodan vinuth lonath, d. h. mit theurem Lohne lohnet Wodan Freundschaft; die Nachschrift:

athal oder Abal Leubvinis, d. h. Besitz oder etwa Arbeit des Leubvini.

Auf der zweiten (Fig. 459) findet sich eine zweizeilige eingeritzte Inschrift in Runenzeichen, welche leider an den äussersten Stellen durch den Gebrauch sehr abgeschliffen sind. Nach der Erklärung des Herrn Dr. Rieger in Darmstadt lautet dieselbe: BOSO VRAET RVNA (d. h. Boso schrieb die Rune). LINDI THEKID ANSNA GOS THV. Lenitate (s. favore) protectus deorum ambules tu. — Mögest du wandeln unter dem Schutze der Gnade der Götter. —

Die dritte aus Westhofen (Fig. 460) ist nicht vollständig und bietet zu viele Schwierigkeiten der Erklärung.

Die Inschriften im heidnischen Sinne deuten so wenig auf ein Verlassen der alten Religion, als die Wittislinger Fibula mit ihrer in lateinischer Sprache gegebenen Schrift unbedingt auf eine Zeit der Bekehrung des Volkes zu christlicher Lehre hinweist, was immerhin zu beachten.

Die Fibeln mit Runenschrift vertheilen sich in Deutschland bis jetzt in einer Weise, dass immer noch der Norden einigermaassen überwiegt. Es fanden sich in Schleswig 3, in Holstein 4, Dithmarschen 1, Hannover 14, Meklenburg 1, Altmark 6 und eine Lanzenspitze mit Runen, Ems 1, Mainz 2, Worms 2, Friedberg 1, Augsburg 1, München in Privatbesitz 1, Stuttgart 1, zusammen 38 Stück.

Wenden wir uns nun zu dem, was in den Gesetzen der Stämme über Ackerbau, Viehzucht und Jagd niedergelegt ist, so begegnen wir Andeutungen, welche uns diese Verhältnisse als bereits sehr entwickelte und vorgeschrittene darstellen.

Der Gegensatz zu dem, was Tacitus und Plinius über die früheren Zustände mittheilen, ergiebt sich aus den Berichten gleichzeitiger Schriftsteller, wie des Venantius Fortunatus, über den Stand der Agricultur in den wieder deutsch gewordenen Ländern. Namentlich der Weinbau war zu seiner Geltung gekommen, seitdem ihn die Römer an den Rhein und die Mosel gebracht. Im achten Jahrhundert wurde er in Deutschland an der Donau und Isar gebaut[*]).

Was in früherer Zeit das abschreckende Schauspiel that, die Wirkung des Weines auf das mit seinen Folgen noch nicht bekannte Volk, wurde später durch theilweise Verbote des Weingenusses bewirkt. Jetzt wurden sie nur noch beobachtet, wo kernhafter Sinn

---

[*]) „Albereits siehst du die Höh'n umkleidet mit grünenden Reben."
Venantius Fortunatus carmen X. 9, Vers 29.

und Vorliebe für alten Brauch waltete, wie bei dem Franken Hozin*), der bei einem Besuch des Königs Chlotar in seinem Hause volle Fässer mit Bier aufgestellt hatte, wie es bei den Heiden Sitte ist, und den Christen dagegen Wein einschenken liess, getrennt von dem den heidnischen Göttern geweihten Bier.

Das salische Gesetz bestimmt: Wer einen fremden Weinberg abherbstet, erhält eine Strafe von 15 solidis. Wer aber den Wein mit einem Karren wegführt, muss 40 solidi bezahlen und wir beachten diese Bestimmung und einige ähnliche in Bezug auf ihr Zeugniss für einheimische Weincultur. In der Lombardei, in Spanien und Gallien war der Weinbau niemals unterbrochen, so dass die besseren Sorten, der Falerner, der Latizinische und Gazitinische, ihren Werth behielten***). Selbst für die besten Weine des Rheines und der Mosel war das frühzeitige Abschneiden der Trauben schon im September von Nachtheil.

Was die übrigen Zweige der Landwirthschaft betrifft, so müssen wir das Maass der Strafbestimmungen dem Grade des Rechtsbewusstseins, das sich bei dem Volk in seinen bäuerlichen Angelegenheiten geltend machte, entsprechend finden. Wie für die Entwendung des Schweines, des Schafes, der Ziege, des Hundes, des Jagdvogels und des Bienenkorbes feste Rechtsbestimmungen gelten, so setzen eben solche für die Wegnahme der Ernte, die Beraubung des Fischteichs, das Abmähen der Wiese, für Holzfrevel, das Pflügen fremden Ackers die geeignete Strafe. Derselben verfällt, wer Ackergeräthe wegnimmt, oder vom Platze rückt, wer in fremde Gärten oder Hüttchen einbricht, wer Obst vom Apfel- oder Birnbaum entwendet, wer behauenes Holz aus dem Walde holt, oder einen eingesetzten Baum umreisst.

Alle diese Fälle konnten mit Geld gebüsst werden, aber es gab auch Vergehen, die Blut forderten: Falsches Zeugniss, Verläumdung, Mordbeschuldigung und Anspruch auf streitiges Land.

Nach den langobardischen Gesetzen waren es 24 Punkte, bei denen nur durch Kampf das Recht zu finden war. Sechs wegen Ehrenkränkung von Frauen, einer wegen des Vorwurfs als arga, zwei wegen Schulden, einer wegen Brandstiftung und einer wegen Vergiftung, die

---

*) Gastmähler und Trinkgelage der Deutschen von Franz Anton Specht. S. 12 bis 43.
**) Gastmähler und Trinkgelage der Deutschen von Franz Anton Specht, p. 44 vita St. Vedasti, c. 71.
***) Gregor VII, 29. Vielleicht Wein aus Latium und Gaza in Palastina.

übrigen wegen Rechtsstreitigkeiten. Sie wurden durch zwei Kämpfer entschieden, nach Sitte der Langobarden mit Kolben und Schild.

Einen Begriff von der Feierlichkeit eines solchen Vorganges erhalten wir in der Bestimmung des Alamannischen Gesetzes. Titulus LXXXIV de his qui de terra sua contendunt. Beide Parteien nahmen von der bestrittenen Erde eine Hand voll, stossen einen Zweig in die entstandene Oeffnung und geben diese Erde in die Hand des Grafen. Derselbe hüllt sie in ein Tuch, versiegelt sie und hält sie in getreuer Huth bis zum Gerichtstag. Da aber rüsten sich beide Theile zum Kampf. Wenn sie bereit sind, so legen sie jene Erde in die Mitte, berühren sie mit ihren Spathen, mit denen sie fechten sollen, und rufen Gott den Schöpfer an, dass dem der Sieg bleiben solle, bei dem die gerechte Sache, und kämpfen alsdann. Wer siegt, behält den streitigen Theil, und die Gegenpartei wird zu einer Busse von 12 solidis verurtheilt.

Alles war auf eine Weise geordnet und festgestellt, dass es, wie auch die Selbstständigkeit der Stämme wechseln mochte, doch nach der Zeit von Jahrhunderten noch zu Recht bestehen konnte*).

Schon ein Blick auf das Hauswesen der Franken und Alamannen bietet ein freundlicheres Bild, als die Schilderungen der römischen Berichterstatter, die dasselbe als einen Schauplatz der Schwelgerei und Unsitte bezeichnen. Treten wir durch die Umzäunung in den Hof der Niederlassung, so begegnen wir einem gezähmten Hirsch**) oder Kranich, der uns aufmerksam betrachtet. Links sehen wir die Ställe, aus welchen wir das Brummen der Kühe vernehmen. Rechts der Schuppen, in welchem die Ergebnisse der Landwirthschaft aufgehäuft sind. Vor uns steht das Haus mit seinem schmucken Giebel, in dessen Räumen die Frau mit ihren Töchtern und Mägden an dem Webstuhl oder mit Nähen beschäftigt ist, während andere Mägde dem Mahlen des Korns und dem Brotbacken obliegen. Verlassen wir das Haus und betreten das Feld, so beobachten wir den von kräftigen Stieren gezogenen Pflug in den Händen eines starken Knechtes, dem ein Junge die Thiere führt, und wir erblicken zugleich den Herrn des Hauses, wie er, einen Sperber auf der Faust, umgeben von seinen Söhnen, von der Jagd heimkehrt. Die Hunde, begierig nach ihrem Antheil an dem erlegten Wilde, umringen die Träger der Jagdbeute, bis sie, oftmals zurückgeschlagen, beim Zerlegen desselben zu ihrem Ziele gelangen.

---

*) In den gerichtlichen Zweikämpfen des Mittelalters.

**) Lex salica. De venationibus, Titulus XXXVI. III. Si quis cervum domesticum signum habentem furaverit aut occiderit, qui ad venationem faciendam mansuetus factus est sol. XLV culpabilis judicetur.

VIII. Si quis gruem domesticum aut cygnum furaverit solidis III culp. judicetur.

In den Gesetzen ist der verschiedenen Arten der Hunde, der treuen Genossen der Jagd und der Wächter des Hauses, namentlich gedacht, als Beweis der Werthschätzung, welche man auf die Reinhaltung der Rasse legte.

Der zuerst genannte sensius, der Leithund, welcher die Schaar führt, dann der spurihund, der Spürhund, der Biberhund und grosse Hunde, welche den Bison und Bären greifen, sind mit sechs solidis geschätzt, während die Windhunde, welche die Hasen fangen, der Hapichhund, zur Vogeljagd verwendet, und der Schäferhund, der den Wolf fasst, auf drei solidi, der Hofhund (hovarhund) auf 1 solidus gewerthet ist*).

Die Hunde wurden nur zur Jagd und theilweise zu Thierhetzen**) im geschlossenen Raum gehalten, welche, römischem Brauche entnommen, sich bei den Franken noch zeitweise erhielten. Dass manche der grösseren Hunde ihren Herren in den Tod folgten, sehen wir in den Gräbern von Wiesenthal, Langenenslingen und Beckum.

Von den Gefahren der Jagd erhalten wir durch schriftliche Ueberlieferung nur ein sehr ungenügendes Bild. Wir wissen nur von der erwähnten Lebensgefahr Karl's des Grossen bei der Jagd auf Ure im Ingelheimer Wald und dem gleichfalls durch einen Waldochsen herbeigeführten Tod des Königs Theodebert, der, von einem, durch den Hornstoss des Wildes herabgestürzten Ast eines Baumes getroffen, sein Leben endete.

Wenn die Jagd, mit der Zeit in die Hände des Adels gelangt, sich zur Plage des Volks gestaltete und in unseren Tagen erst in ihre altberechtigten Grenzen zurückgeführt wurde, so verhält sich dies in ähnlicher Weise auch mit anderen das Volksleben aufs Tiefste berührenden Verhältnissen. Das alte Heidenthum bewahrte immer noch eine solche Macht über das Treiben der Menschen, dass der Glaube an Zauberei, aufs Innigste verbunden mit religiösen Vorstellungen, alle die mit den Erscheinungen des gewöhnlichen Lebens unvereinbaren Dinge durch eine fremde, absichtlich feindliche Einwirkung zu erklären suchte.

Dass bei allgemeinen Unglücksfällen, wie dem Verlust von Schlachten, übernatürliche Einflüsse angenommen wurden, ist so be-

---

*) Lex Bajuvar. Tit. XIX.

**) Magnovald, ein angesehener Franke, von dem König Childebert zu einer Lustbarkeit geladen, wo ein Thier von einer Menge Hunde umringt und gehetzt wurde, fällt plötzlich, von hinten durch eine Axt getroffen, todt zur Erde, wie Gregor glaubt, wegen Ermordung seiner Frau und Vermählung mit der Frau seines Bruders. Gregor VIII, 36.

greiflich, als die Annahme der Mithülfe von Zauberei bei Missethaten innerhalb der bürgerlichen und Hofkreise. Die Niederlage von Sigibert's Heer bei dem Einfalle der Hunnen erklärt Gregor (IV, 29) aus den Zauberkünsten und Spukgestalten, welche dieselben heraufbeschworen, und die Königin Fredegunde wird zu verschiedenen Malen auf das Bestimmteste als Theilhaberin dieser verderblichen Künste bezeichnet. Sie überreicht den zu Childebert's Morde gedungenen Geistlichen einen ermuthigenden Zaubertrank und giebt ihnen ein Gefäss desselben Inhalts mit auf den Weg. Gunthram Boso lässt sich die Loose werfen zur Erkundung seines Geschicks und Septimania, die Erzieherin der königlichen Kinder, wird bei der Absicht, den König durch Zauberei umzubringen, ergriffen, nachdem sie den Jovius, ihren Gatten, durch Zaubermittel getödtet.

In den alten Gesetzen der deutschen Stämme dieser Zeit machen sich in gleicher Weise Bestimmungen gegen Zauberer und Giftmischer auffallend bemerklich, im Gegensatz zu den Tagen Armin's, in welchen der Gebrauch des Giftes noch unbekannt war und Adgandester, der Kattenfürst, dasselbe von Rom aus zu erlangen suchte. (Tacit. annal. II. 88.) Jetzt, zumal in romanischen Ländern, kann es nicht mehr befremden, dass die Stammgesetze die schärfsten Strafen für den Gebrauch von Gift und Zauberei bringen. Alles, was in dem Latein derselben als maleficium, ligamentum, incantatio und herbas bibere genannt wird, ist die Bezeichnung für Giftmischerei, Zauberei. Wenn es in der lex salica heisst: Wer einem anderen Kräuter zu trinken reicht, dass er stirbt, muss 200 solidi zahlen, wenn er nicht stirbt, 62 solidi; wenn eine Frau einer anderen die Fähigkeit, Kinder zu haben, benimmt, eine Busse von 65 solidis; wer einen anderen in Zauberei verstrickt, oder mit Bindesprüchen an irgend einen Ort bannt, 62 solidi, so ist dasselbe nur in stärkerem Maasse in dem westgothischen Gesetze VI titul de maleticiis atque veneficiis ausgesprochen. Der II. Paragraph desselben bestimmt: Wenn ein Freier über das Wohlbefinden oder den Tod des Fürsten, oder irgend eines Menschen die Wahrsager befragt, soll er zugleich mit dem, der ihm geantwortet, mit Ruthen geschlagen, all sein Hab und Gut dem Fiscus übergeben und von dem Könige, dem er überliefert wird, in ständiger Sklaverei gehalten werden. II. Giftmischer, Freie und Sklaven sind beim Tode des Angefeindeten mit dem schmachvollsten Tode, morte turpissima, zu bestrafen. Kommt der Kranke wieder zur Gesundheit, so ist der Thäter ihm zu überliefern. III. Die Zauberer, welche Stürme heraufbeschwören, welche durch gewisse Gesänge Hagel auf die Weinberge und Saaten schicken, diejenigen, welche durch Anrufen von Dämonen die Gemüther der Menschen verwirren, die nächtliche Opfer diesen Dämonen bringen und sie durch frevelhaftes Anrufen herbeilocken, alle diese sind mit 200 Geiselhieben zu bestrafen und geschorenen Hauptes um 10 benachbarte Besitzungen zu führen, anderen zum Beispiel. Die malefici selbst werden nach Empfang von 200 Geiselhieben in Verwahrung gebracht, dass sie an jeder Gelegenheit zu schaden verhindert sind.

Auch dem heiligen Baum der Langobarden, arbor sanctivus, der in solcher Verehrung stand, dass kein Ast oder Zweig abgerissen wurde, und den Quellen wurde abergläubige Ehrfurcht bezeigt, die Strafe war auf den halben Werth der persönlichen Schätzung gestellt. (Leg. langobardicae VI, 30.)

So auch bestimmte das alamannische und langobardische Gesetz: Dass, wer eine Frau eine Hexe (stria herbaria) genannt, durch gerichtlichen Zweikampf die Wahrheit dieser Anschuldigung zu erweisen hat, und der Kämpfer hat zu zeigen, dass er selbst kein Zaubermittel zu seinem Schutze bei sich führe. Lex langobard. CCCLXXI.

Später wurde nach den Gesetzen Karl's des Grossen etwas milder verfahren. Wer Stürme hervorruft, wer Wahrsagereien und anderen Zaubereien obliegt, soll nach dem Concil zu Nicäa ergriffen und von dem Archipresbyter der Diöcese auf das Strengste ausgefragt werden, jedoch mit solcher Mässigung in der Behandlung, dass er nicht das Leben verliere, und bis zur Erkenntniss seiner Sünden im Kerker bewahrt bleibe (additamenta ad capitularia Carol. Mag.).

In den Zeiten der merovingischen Könige hatte die Verehrung heidnischer Bildsäulen noch ihre alte Macht.

Dem langobardischen Heiligen Wulfilaich kostete es langdauernde Mühe, das kolossale Standbild der Diana bei Trier mit den zahlreichen kleinen Statuen in ihrer Umgebung zu zerstören (Gregor VIII, Buch 15).

Ueberhaupt bedurfte es vieler Zeit und Anstrengung, heidnische Gebräuche zu verbannen.

<small>Gregor berichtet in libro de gloria confessorum von einem See bei dem Berge Helanus, bei welchem zu gewissen Zeiten eine Menge von Landleuten zusammenkamen, um ihm Opfer zu bringen: Leinwand, Stoff zu Männerkleidung, Käse, Wolle und Brot verschiedener Art, jeder nach seiner Weise und Mitteln. Drei Tage lang habe das Fest unter Schmausen gedauert, bis es durch ein heftiges Gewitter unterbrochen wurde. Nachdem vergeblich gegen diesen heidnischen Gebrauch gepredigt war,' wird eine Basilika des heiligen Hilarius an dieser</small>

Stelle gebaut, zu welcher die Bauern alles das bringen, was sie früher in den See geworfen hatten.

Der Kirche war zudem die schwierige Aufgabe geworden, theilweise auf die heidnischen Vorstellungen und Begriffe des Volkes, wo es erforderlich schien, einzugehen, wie bei der Beaufsichtigung des Gottesgerichts*), so auch durch die Oeffnung der Kirchengebäude als Zufluchtsstätten für Verfolgte durch die öffentliche Macht. Diese suchte mit gleichmässiger Strenge diejenigen zu erreichen, welche sich in Folge eines Todschlags oder unbezahlter Schulden der Strafe zu entziehen strebten. Im westgothischen Gesetz heisst es titul III, 1: Wer in die Kirche flüchtet und nicht bewehrt ist, soll nicht aus derselben weggerissen werden. II. Wenn einer zur Kirchthüre flüchtet und nicht seine Waffen, die er führt, ablegt, so hat, wer ihn an dem heiligen Ort tödtet, keine Schuld und keine Nachrede zu fürchten. III. Wer seinen Sklaven oder Schuldner von dem Altar mit Gewalt wegreisst, ohne dass ihn derselbe durch den Kirchenaufseher übergeben ist, soll nach dem Urtheil des Richters, wenn er ein Freier ist, 100 solidi, wenn er eine niedere Person ist, 30 solidi zahlen. IV. Den in die Kirche Geflohenen soll Niemand berühren, der Presbyter soll die Vermittelung zwischen Schuldner und Gläubiger übernehmen, sobald der Schuldner nicht den Tod verdient. Er soll ausgeliefert werden unter der Verpflichtung, dass er nicht getödtet oder gebunden werde.

Aehnliche Bestimmungen hatten die Gesetze der übrigen deutschen Stämme, ohne dass sie überall mit der gleichen Gewissenhaftigkeit befolgt wurden. Namentlich waren es die Franken, von welchen so manche Frevel gegen diese geheiligten Zufluchtsorte durch ihren Geschichtschreiber Gregor erwähnt werden. Am auffallendsten ist der von Berulf, dem Oberkämmerer des Königs Chilperich, verübte, der die Verwilderung der Sitten unter den Vornehmen der Zeit kennzeichnet.

Dieser übermüthige Mann, von der Königin Fredegunde der Antheilnahme an dem Morde des Königs beschuldigt, beeilte sich, in der Kirche des heiligen Martin zu Tours eine Zuflucht zu erlangen. Durch Morde und Schwelgereien in der Vorhalle der Kirche, in der sich sein Aufenthalt längere Zeit fortsetzte, hatte er die Neigung des Erzbischofs, des Taufpathen seines Sohnes, verscherzt, und als Claudius, der Abgesandte König Gunthram's, ihn aufsuchte mit dem Auftrage, ihn zu tödten oder aus der Kirche zu schaffen, so liess er sich durch dessen freundschaftliche Versicherungen bethören, und wurde innerhalb des Kirchen-

---

*) Judicia Dei per aquam fervidam, per aquam frigidam et vomeres novem ignitos.

raumes nach heftiger Gegenwehr erschlagen, jedoch auch Claudius und seine Diener fielen in dem mörderischen Kampfe, der die Kirche mit Blut überströmte. Eine andere Geschichte erzählt er von einer Frau in Paris, die in Verdacht des Ehebruchs gerieth. Ihr Vater betheuert ihre Unschuld durch einen Eid am Altar des heiligen Dionysius, die Verwandten aber behaupten, es sei ein Meineid, es kommt zum Streit, dass vom Altar das Blut floss, die Thüre mit den Schwertern und Speeren durchbohrt wurde und bis zum Grab des Heiligen die Mordwaffen drangen. Sie waren aber von angesehenem Geschlecht und in den ersten Aemtern beim König Chilperich, deshalb wurden sie, nachdem die gesetzliche Busse für ihr Vergehen an Bischof Ragnemod gezahlt war, wieder in die kirchliche Gemeinde aufgenommen.

Dasselbe religiöse Bekenntniss, welches die germanischen Stämme alsbald nach der Eroberung der römischen Provinzen mit der Bevölkerung derselben verband, trennte sie auf das Bestimmteste von einem ihrer Theile von den Juden, die erst zu unserer Zeit sich einer Ausgleichung dieser Verhältnisse zu erfreuen hatten. Die Abneigung war zur Merovinger Zeit so gross, dass Papst Gregor der Grosse der Königin Brunhilde schreiben konnte (Brief XXII): „Uebrigens sind wir sehr erstaunt, warum du es gestattest, dass in deinem Reiche die Juden christliche Sclaven halten, und wir bitten dich, das Uebel dieser Schmach zu entfernen." Die Unterdrückung der Juden kann übrigens nicht so gross gewesen sein, da das Burgundische Gesetz XV die Christen vor thätlichen Beleidigungen und Angriffen zu schützen sucht*).

In ähnlicher Weise bestimmt das Gesetz der Westgothen, welches die Christen gegen den Bekehrungseifer der Juden zu bewahren sucht (titul. XII), dass Juden keine Christensclaven beschneiden sollen, XIV, dass Juden keine Christensclaven halten sollen, damit sie nicht zu ihrer Secte auf irgend eine Weise hinübergezogen werden, und XVII. Wer von Christen jüdische Lehre und Gebräuche übt, soll mit dem schmählichsten Tode bestraft werden, und es folgen 28 sehr strenge Verordnungen gegen die Juden.

Dagegen bestimmt König Gunthram (nach dem synodus um 583) für die Juden, die in ziemlich bedeutender Anzahl unter den Christen lebten, dass die Geistlichen nicht über sie herrschen, auch ihnen nicht unwürdig begegnen sollten.

---

*) XV de judaeis qui in christianum manum praesumpserent mittere. I. Quicunque judaeus in christianum manum praesumpserit mittere, pugno aut calce fuste aut flagello aut saxo aut per capillos prenderit, manus incisione damnetur. II quod si voluerit manum suam redimere LXXV solidis jubemus redimere et muletae nomine sol. XII.
III praetera jubemus si in sacerdotem manum praesumpserit mittere, tradetur ad mortem et facultas ipsius fisco nostro tradetur.

Anders und günstiger verhält es sich mit den Kaufleuten, die sich mit überseeischem Handel beschäftigen, den Transmarinis negotiatoribus lex Wisigoth. XII. Sie werden bestraft, wenn sie bei Verwerthung gestohlener Sachen entdeckt werden. Wenn ein Händler über See Gold, Silber und Kleider oder irgend welches Zierwerk an einen Provinzialen verkauft hat, so hat der Käufer, wenn dieselben später als gestohlene Gegenstände erkannt werden, keine üble Nachrede zu besorgen.

Sonst war der Handel nach altem Brauche gut geordnet, sowohl nach den als praktisch erkannten Verkaufsorten*), als auch in Bezug der zu verkaufenden Gegenstände: Waffen, Kleider, Sclaven, Gold, Silber und Edelsteine als Dingen, die ganz insbesondere den Kaufleuten zukamen. Dieselben wurden aus den Ländern geliefert, woher die alte Cultur die Pfade eröffnet hatte. Der morgenländische Markt hatte seinen Sitz in Venedig, in Gallien zu Massilia, in Spanien in den Häfen des Mittelmeeres, von wo aus die Waaren durch Zwischenhändler in das Land gebracht wurden.

Anderentheils waren damals schon die Handelsverbindungen der Juden von Bedeutung, welche in Spanien, Burgund und Frankreich grosse Reichthümer anhäuften und sich hauptsächlich mit dem Verkauf edler Metalle und kostbarer Gefässe befassten. Gregor erwähnt ihrer häufig. Cautinus, der weltlich gesinnte Bischof, ist mit ihnen im beständigen Handelsverkehr, und der Jude Priscus, der dem König Chilperich viele Kostbarkeiten liefert, steht bei demselben in solcher Gunst, dass er ihn selbst einen missglückten Bekehrungsversuch nicht entgelten lässt. Auf Handel oder Raub aus dem fernen Südlande deuten auch die Worte im Beowulf: „Da war Menge der Schätze her auf Fernwegen geführt, der Kleinode."

Weniger allgemeine Bedeutung als die erwähnten Handelsverbindungen hatte in Bezug auf das Schmuckgeräth die Berufung italischer Künstler**) in das Reich der Franken, da man hier wohl zunächst an grosse kirchliche Bauten und ihre Ausschmückung durch Marmorarbeiten und Mosaik zu denken hatte, ein Gebiet der Kunst, welches den Germanen noch völlig fremd war, und das selbst unter den Romanen der nördlichen Provinzen keine zahlreichen Erben antiker Technik und Erfahrung aufzuweisen hatte. Was die Kirchen-

---

*) Caroli leges langob. LV: ut mercatus nullo loco habeatur nisi ubi antiquitus fuerit, et legitime debet esse.
**) „Artifices de partibus Italiae accitos." Rufi Octodurensis episcopi epistolae ad Nicetium episcopum Trevirens.

bauten in Gallien betrifft, von welchen Gregor spricht, so waren sie grossentheils Werke der romanischen Geistlichkeit*). Die grosse Kirche in Arvern hatte bei einer Länge von 150 Fuss eine Breite von 60 Fuss und eine Höhe von 50 Fuss. Vorn war ein runder Ausbau für den Altar, auf beiden Seiten Flügel von künstlicher Arbeit. Das Ganze in Kreuzesform hatte 42 Fenster, 70 Säulen und 8 Thore. Die Wände am Altar waren mit Mosaik kunstreich aus vielen Marmorarten zusammengesetzt. Es waltet dort, sagt Gregor, der Schauer Gottes und seine grosse Herrlichkeit. Die St. Martins-Kirche in Tours hatte 120 Säulen, 8 Thüren, 32 Fuss am Altarraum, 45 Fuss Höhe des Schiffes, Länge 150 Fuss, Breite 60 Fuss. Die Kirche des heiligen Stephan, welche Bischof Namantius zu bauen unternahm, liess die Frau desselben ausmalen, indem sie selbst, ein Buch auf ihrem Schoosse, die Geschichte des alten Bundes las, und angab, was die Maler auf den Wänden derselben darstellen sollten.

In derselben Weise fand auf italischem Boden die noch nicht verschwundene Baukunst neues Leben unter der Herrschaft der Gothen und Langobarden. Des grossen Theoderich Pallast und Grabmal zu Ravenna giebt davon Zeugniss wie der Bau der Muttergotteskirche ad perticcas zu Ravenna durch die Königin Rodelinde. Aripert und die Königin Rodelinde errichteten eine Kirche, die mit Gold, Silber, kostbaren Gewändern und vielfachem Schmuck ausgestattet war. Besonders aber ist die Johanniskirche der Königin Theodelinde in Monza und der dortige prachtvolle Pallast mit bildlichen Darstellungen aus der langobardischen Geschichte ein Gegenstand eingehender Schilderung des Paulus Diaconus.

Ausserhalb des Bereichs der altrömischen Herrschaft ist in dieser Zeit noch in keiner Weise an steinerne Häuser zu denken. Die Fürsten wohnten in mehr oder minder gut ausgestatteten Holzbauten, wie das übrige Volk, und dass selbst Kirchen mit demselben Material errichtet waren, ergiebt sich aus manchen der Erzählungen Gregor's**). Auf deutschem Boden bedurfte es für die Entwickelung des Steinbaues weit längerer Zeit, als in den romanischen Ländern. Tempel und Palläste, Villen und Städte waren unter den Händen der erbitterten Eroberer verschwunden, und an ihrer Stelle erhob sich der

---

*) Selbst die am reichsten hergestellten Bauten zeigen nur einen schwachen Abglanz von der Pracht früherer heidnischer Gebäude.

**) Zu Rouen flüchtet Brunhilde nach ihrer Vermählung mit Merovech in die Kirche St. Martin, „welche dort auf der Stadtmauer aus Holzbrettern gezimmert ist".

altheimische Holzbau, welcher jetzt noch in den Behausungen des Landvolkes theilweise erhalten, an jene Fernzeit erinnert.

Jetzt, am Schluss einer Uebersicht der Alterthümer merovingischer Zeit, ist noch eine Betrachtung derjenigen technischen und ornamentalen Merkmale erforderlich, welche ein Licht über den eigentlichen Ursprung dieser merkwürdigen Fundstücke, namentlich der Schmuckgeräthe, zu verbreiten vermögen.

Zuvor aber müssen wir einen Blick auf die königlichen Schatzkammern jener Zeit werfen, auf die Orte, wo sich der Stoff angehäuft hatte, zur Neubildung eines Theiles dieser Zierstücke.

Durch die Einnahme der römischen Provinzen, durch die Kriege in Italien und die endliche Eroberung dieses Landes selbst, waren die deutschen Völker in den Besitz grosser Reichthümer, besonders an kostbaren Gefässen und Geräthen, gelangt, welche die Schmucksucht der späteren römischen Zeit selbst bis an die äussersten Grenzen des Reiches hin verbreitet hatte.

Wenn auch die von den Ostgothen und Vandalen gewonnenen Schätze denselben wieder entrissen wurden und theils in die Hände anderer mit dem byzantinischen Heer verbündeter deutscher Stämme theils durch Belisar und Narses nach Griechenland gelangten, so blieb doch das, was im Norden die Angelsachsen, Burgunden, Alamannen, Franken und in Italien selbst die Langobarden gewonnen hatten, in festem Besitz. Vor allem waren es die Königsschätze, wo sich grosse Massen geprägten Goldes mit einer unglaublichen Menge der kostbarsten Geräthe und Schmuckstücke römischen und byzantinischen Ursprunges zusammengehäuft fanden, welche mit Freude und Stolz von den Fürsten häufig beschaut und vornehmen Gästen gezeigt wurden.

Aus dem, was von der gothischen Kriegsbeute und dem Schatze des Narses (Gregor spricht von vielen tausend Centnern Goldes und Silbers) erzählt wird, welcher in einer Cisterne entdeckt, viele Tage zu seiner Wegschaffung in Anspruch nahm, lässt sich die Masse der Kostbarkeiten ermessen, welche in dem Raube damaliger Kriege zusammengebracht wurden.

Dagegen war es unseren Tagen vorbehalten, in dem Reste des Schatzfundes von Petrossa, des westgothischen Königs Athanarich, einen Einblick in die Art dieser reichen Anhäufungen von römischen und barbarischen Prachtgeräthen zu erlangen.

Wir geben hier auf Tafel XXXVI und XXXVII eine Abbildung der wesentlichen Theile dieses Schatzes, der nach heimlichem Ver-

Tafel XXXVI. Zu Seite 500.

Tafel XXXVII. Zu Seite 500.

kaufe vieles Kostbaren in den Besitz Sr. königl Hoheit des Fürsten Carl von Rumänien gelangte. Es sind Goldgefässe, reich verzierte Schüsseln, Teller und Becher, sowie grosse Gewandnadeln in Gestalt krummschnäbeliger Vögel, Harnischtheile mit Edelsteinen besetzt, alles von orientalischer, römischer und gothischer Arbeit.

Diese Schätze, welche nicht ohne Einfluss auf das Streben nach selbständiger Ausführung ähnlicher Prachtarbeiten blieben, fanden jedoch vorerst ihren Hauptwerth in der erhöhten Machtstellung, welche grosser Reichthum zumal in jener bewegten Zeit bieten musste, wo alle Verhältnisse des alten Volkslebens durch die langen Kriege und die Uebersiedelung in ein anderes Land gelockert und verändert, und die durch den schwer erlangten Sieg erregten Leidenschaften noch in ihrer vollen Heftigkeit walteten. Die Begierde nach dem Besitz und der Vergrösserung von Schätzen äusserte sich bei den ehrgeizigen und ränkevollen fränkischen Grossen, wie bei den Fürsten selbst mit einer rücksichtslosen Gewaltthätigkeit, welche eine Folge kriegerischer Verwilderung, in der noch weit gewissenloseren und habsüchtigeren Verwaltung der Römer das schlimmste Beispiel vorgefunden hatte. Von den Zeiten Chlodovech's, welcher durch Beraubung der übrigen Stammeshäuptlinge der Franken und die Erbeutung von Alarich's Schatze den Königsschatz der Franken bedeutend vermehrte, wuchs derselbe bis zu den Zeiten Chilperich's zu unglaublichem Reichthum an*).

Als Fredegunde bei dem Tode ihres jüngsten Sohnes die Kleider und den Schmuck desselben, um jede schmerzliche Erinnerung zu entfernen, verbrennen und einschmelzen lässt, füllen dieselben vier Wagen**). Für die Aussteuer ihrer Tochter Rigunthe bringt sie eine so grosse Menge von Gold, Silber und kostbaren Kleidern herbei, dass der König für seinen Schatz besorgt wird; allein sie beruhigt denselben und die vornehmen Franken mit der Versicherung, dass diese Gaben, mit welchen 50 Lastwagen bepackt werden, nur aus ihrem eigenen Besitzthum entnommen und der Staatsschatz vollkommen unberührt sei***). Wenn Fredegunde dabei ihren auffallenden Reichthum aus dem Ergebnisse sorgfältiger Verwaltung der Zinsen ihrer Höfe, sowie aus den Geschenken des Königs und der vornehmen Franken selbst erklärt, so gaben doch neben diesen Quellen des königlichen Einkommens sowohl die Gütereinziehung

---

*) Gregor VI, 1, u. v. a. O.
**) Gregor IV, 35.
***) Gregor VI, 45.

und die Wegnahme von Schätzen der Grossen, welche oft, wie bei Mummolus und Rauching, königlichen gleich erachtet wurden, als auch die gewaltthätige Plünderung minder angesehener Männer eine viel raschere und ergiebigere Ausbeute.

Die Könige hatten ihre eigenen Schatzmeister*) und die vornehmen Franken besonders vertraute Diener, von denen sie Theile ihrer grossen Menge kostbaren Geräthes an verschiedenen Orten bewahren und selbst vergraben liessen. Im Ganzen jedoch liebte man, das Gold und Silber, das sich in jedem Hause der Freien fand**), zur Schau zu tragen. Die alte Nationaltracht musste durch diesen Schmuck ein weit glänzenderes Ansehen gewinnen, welches selbst von den weniger Vermögenden durch trefflich vergoldetes Erz und geringhaltiges Silber erreicht werden konnte.

Wenn im Vergleich zu diesen verbürgten Nachrichten sich hier und da nicht eine, den allgemeinen Verhältnissen entsprechende Menge von Schmuckstücken aus edlem Metalle in den Grabstätten findet, so ist dies dem Grabraube zuzumessen, dessen Spuren in den zahlreichen Friedhöfen Frankreichs***) und auch am Rhein†) unverkennbar sind. Es erklären sich die grossen Strafen, welche gleichmässig in allen Gesetzen ††) der deutschen Stämme für diesen Frevel ausgesprochen sind, wenn selbst während ihrer Geltung angesehene und vornehme Männer denselben nicht scheuen.

Nach Gregor (VIII, 21) lässt Herzog Gunthram Boso einer reichen Verwandten, welche mit vielem Goldgeschmeide in einer Kirche zu Metz begraben worden, durch seine Diener dasselbe entwenden, und Paulus Diaconus berichtet von der Beraubung der Königsgräber des Rothari und Albuin, des letzteren sogar durch Herzog Gisilbert von Verona selbst, welcher Schwert und Schmuck des Helden wegnimmt.

---

*) Der Oberkämmerer, cubicularius, hatte auch die Aufsicht über den königlichen Schatz; als solcher wurde er auch thesaurarius genannt. Er hatte gleichbenannte Unterbeamte.
**) Gregor VII, 12, bei der Fehde des Sichar mit Austregisil u. a. O.
***) La Normandie souterraine, p. 320, 322, 407.
†) Westhofen, Oestrich, Lörzweiler, Freilaubersheim etc.
††) Lex salica tit. LVIII de corporibus expoliatis — lex Ripuariorum tit. LXXXV de corpore expoliato — lex Wisigothorum lib. IX, tit. II de inquietudine sepulcrorum — lex Burgundionum XXXIV de divortiis. Ehescheidung steht auf gerechtfertigte Beschuldigung einer Grabstörung. Lex Alamannorum I., capitula addita ad legem Alamannorum XXV — lex Bajuvar. tit. XVIII de mortuis et eorum causis — leges Langobardicae XV de grapu Forsi — Edicta Regum Ostrogothorum CX. Sogar Todesstrafe auf Grabraub.

DIE ALTERTHÜMER DER MEROVINGISCHEN ZEIT.

Auf Grund der theils allmäligen, theils plötzlichen Vermehrung des Nationalvermögens ergab sich auch die Entwickelung der Schmuckgeräthe, welche wir nach dieser Seite hin noch nicht betrachtet haben und deren Besprechung hier ihre geeignete Stelle findet.

Zunächst lag wohl die Ansicht, diesen Geräthen ohne Weiteres römischen oder byzantinischen Ursprung zuzuweisen, und es muss derselben auch im gewissen Grade Geltung zuerkannt werden, da manche dieser Schmuckstücke, namentlich unter den scheibenförmigen Gewandnadeln, nach ihren technischen Merkmalen ganz unzweifelhaft als römische oder byzantinische Arbeiten bezeichnet werden müssen. Andere gewähren hierfür selbst durch ihre Inschriften Bestätigung, wie die Tafel XXII, Fig. 1 abgebildete Erznadel in dem barbarischen Style des 4. oder 5. Jahrhunderts, aus den fränkischen Gräbern von Dotzheim bei Wiesbaden. Die Inschrift: INVICTA ROMA VTERE FELIX ist dieselbe, welche auch eine gleichartige, versilberte Erznadel führt, die bei der schönen Goldfibula von Waiblingen (Sammlung des württembergischen Alterthumsvereins) gefunden wurde. Dass überhaupt nahe Beziehungen unter den spätrömischen Arbeiten und den Gewandnadeln unserer Gräber auch ausser der gleichmässigen Gestaltung obwalten, ergiebt sich selbst aus den Thierhäuptern, welche schon bei römischen Fibeln, wie den neben abgebildeten (und 26 anderen des Mainzer Museums), als Schlussknöpfe angebracht sind.

Fig. 161.   Fig. 162.

Jedoch gerade hieraus lässt sich kein weiterer Schluss ziehen, da eine in Verfall gerathene Kunst, wie die römische des 4. Jahrhunderts, ebenso gut barbarische Elemente aufzunehmen bereit ist, als sie selbst immer noch Einfluss auf die ersten Kunstversuche unentwickelter Volksstämme zu äussern vermag.

Alle diese Zeugnisse und Andeutungen über die Einführung remder Zierstücke vermögen nicht die Erscheinung unserer Grabalterthümer vollständig zu erklären, welche, wenn byzantinischen Ursprunges, auch das unverkennbare Merkzeichen eines durchgehend übereinstimmenden Styls aufweisen müssten. Es hilft hierbei wenig, wenn man zur Erklärung der vorherrschend phantastischen und wilden Verzierungsweise, die nur vereinzelte und missverstandene

Erinnerungen antiker Formen zeigt, auf den Orient verweisen will, welcher für alle dunklen Punkte der Culturgeschichte Aufschluss gewähren soll. Mit allgemein gehaltenen Andeutungen ist hier nichts gewonnen. Sie verdienen eine nähere Betrachtnahme nicht eher, bis auf einer Anzahl unzweifelhaft orientalischer Geräthe von gleichem oder höherem Alter auch völlig gleichartige Elemente der Ornamentik nachgewiesen sein werden. Für Gestaltungen, wie sie die Spangen merovingischer Zeit darbieten, sind eben keine orientalischen und byzantinischen Motive zu finden.

Eine Lösung für die räthselhafte Erscheinung dieser eigenthümlichen Schmuckgeräthe glaubten daher Manche in ganz anderer Richtung finden zu können, indem sie dieselben für Arbeiten der Kelten erklärten, und zwar in dem Sinne, welcher von dieser weitumfassenden Bezeichnung alles Germanische streng auszuschliessen sucht.

In dieser Periode aber, nach 400jähriger Dauer römischer Herrschaft, kann von einer eigenthümlichen keltischen Kunst, wie man sich dieselbe nach der Auffassung der Anhänger dieser Idee etwa vorzustellen hätte, nicht mehr die Rede sein.

Es sind dies Ansichten, die wir zurückweisen müssen, zumal den Gedanken der Erfindung des Ornamentgeschmackes durch die Irländer, welcher, wie man versichert, vermittelst der Evangelienbücher der Missionäre über England auf dem Festlande ausgebreitet wurde. Diejenigen Schriften, deren Alter bis zur Einführung des Christenthums hinaufdatirt wird, sind gerade die schönsten und geschmackvollsten, während die anderen rohen und überfüllten Werke ohne Weiteres für Zeugnisse des allmäligen Rückschrittes erklärt werden, und wir hätten, wenn dies angenommen werden dürfte, nur Denkmale aus der Blüthezeit und dem Verfalle dieser Kunstübung.

Wo bliebe aber die erste Entwickelung? Die Annahme, dass die durchgebildetsten Erzeugnisse eines Styls zugleich auch die ältesten sind, steht im Widerspruch mit allen ähnlichen Erscheinungen auf dem Gebiete der Kunstgeschichte. Wenn sich auf Grund neuer Untersuchungen über die Verzierungen irischer Manuscripte des 7. bis zum 9. Jahrhundert, ein Recht auf die Herkunft des Styls begründen liesse, so sind doch diese ausgebildeten Ornamente bereits zu lange schon geordnet und zugleich zu reich und zierlich gegeben, um für den ersten Anlauf, die erste Probe gelten zu können. Wir müssten Erscheinungen, wie unsere Fibeln und Ziergeräthe oder ähnliche

Versuche, voraussetzen, von denen aber in Irland wie in dem übrigen Norden keine Spur zu finden ist.

Die Verzierung von Büchern bot niemals Veranlassung zur Erfindung einer neuen Ornamentik, sie leitet vielmehr auf die Verwendung eines bekannten und geläufigen Styls. Denselben aber als einen ausschliesslich brito- oder gallokeltischen zu bezeichnen, fehlt um so mehr jeder Grund, als sich unter der Masse von alten heidnischen Grabfunden Englands und Frankreichs nicht die geringste Andeutung desselben entdecken lässt, und seine ersten Spuren mit dem Auftreten deutscher Stämme in den vormals römischen Provinzen zu Tage kamen.

Es sind dies die Schmuckgeräthe der Grabhügel von Wiesenthal Fig. 463, welche nach den beigefundenen Resten feiner römischer

Fig. 463.

Gefässe, auf Grund der bisherigen Erfahrung über Altersbestimmung der Gräber in der mittleren Rheingegend, noch aus der Zeit unmittelbaren Verkehrs mit den benachbarten römischen Provinzen und mindestens aus dem Ende des 5. Jahrhunderts stammen, einer Zeit, bis zu welcher keines der irischen Manuscripte hinaufgerückt werden kann.

Dieser Thatsache gegenüber können die Verzierungen der letzteren unmöglich fernerhin als eine plötzlich auftauchende Erscheinung, sondern nur als Zeugen einer fleissigen, durch geometrische Kenntniss unterstützten Durchbildung eines Verzierungsgeschmackes gelten, welcher von weit älterer Zeit her eine Eigenthümlichkeit der germanischen Stämme war.

84 mm

Ausser diesem Grabhügelfund von Wiesenthal sind hierfür noch diejenigen Zierstücke von besonderem Gewicht, in welchen deutsche Namen, und zwar unverkennbar sogleich bei ihrer Fertigung, verzeichnet wurden. Es sind dies die altburgundischen mit Bändergeflecht und verschiedenen phantastischen Darstellungen verzierten Gürtelschnallen, vor allem die von Lavigny (Troyon, bracelets et agraffes antiques, Tafel III, 1) mit dem Namen Nasualdus Nansa, dann eine dem Gräberfelde von Dietersheim in Rheinhessen entnommene Schnalle, die den Namen des Verfertigers selbst trägt: Ingeldus fecit. (Tafel V dieses Handbuches) und noch mehrere andere, deren Entzifferung einen würdigen Gegenstand philologischer Untersuchung ergeben würde. Von diesem sicheren Anhaltspunkte aus darf man getrost die verschiedenartigen Anzeigen, Nachrichten und Andeutungen weiter verfolgen, welche auf den einheimischen Ursprung dieser Arbeiten und ihrer Verzierungsweise übereinstimmend hinweisen.

Schon im 5. Jahrhundert werden von Eugippius im Leben des heiligen Severinus germanische Goldschmiede erwähnt, barbari aurifices, eine Bezeichnung, die jeden Gedanken an norische Romanen ausschliesst. Sie werden von Gisa, der Königin der Rugier, in enger Haft gehalten, und müssen für dieselbe Schmuckgeräthe fertigen. In Verzweiflung über ihre Lage und die unausgesetzte angestrengte Arbeit drohen sie den kleinen Sohn der Königin, der in ihre Gewalt gerathen, zuerst, dann sich selbst zu tödten; wie Wieland, der Schmied, seine Gefangenschaft und Lähmung an König Nidung durch die Ermordung von dessen Söhnen rächt.

Wenn solche Kunstfertigkeit bei den deutschen Stämmen im 5. Jahrhundert noch als eine seltene erscheint, so dass die Künstler unter Schloss und Riegel wohlverwahrt gehalten werden, so ist dieses Verhältniss im 6. und 7. Jahrhundert schon ein weit anderes geworden. Kostbare Metallgefässe werden zerschlagen, und Schmuckgeräthe eingeschmolzen, um ihnen eine andere Gestalt zu geben*). Der köstlichen Tafelgefässe, welche die Könige Chilperich und Gunthram aus römischen Geräthen herstellen liessen, wie auch des grossen Goldschildes und der reichen Gefässe, die Brunhilde zur Versendung nach Spanien anfertigen lässt, ist schon früher gedacht worden.

Den sichersten Einblick aber in die technischen Fortschritte jener Zeit gewährt das von dem Franken Audoën gleichzeitig geschriebene Leben des heiligen Eligius, welcher an dem Hofe Chlotar's und Dagobert's die kostbarsten Arbeiten in edlem Metall mit seinem Schüler, dem Sachsen Tillo, ausführte. Sein Lehrmeister war der Goldschmied Abbo, und später arbeitete er unter dem Schutze des königlichen Schatzmeisters Pobbo. Er gewinnt Chlotar's Aufmerksamkeit, als dieser einen Sessel von Gold und Edelsteinen nach eigener Angabe ausgeführt wünscht. Da des Königs Leute die Arbeit nicht zu übernehmen wagen, meldet sich Eligius und fertigt aus dem ihm zugewogenen Golde zwei gleiche Stücke, ohne nach der Weise Anderer einen Theil des Metalls unter dem Vorwande von Verlusten beim Feilen und Schmelzen zu unterschlagen. Als er des Königs Beifall in hohem Maasse gewonnen, bildet er sich in den zahlreich ihm auf-

---

*) Gregor III, 11; VIII, 3; VI, 35.

getragenen Arbeiten zu einem vollkommenen Meister, und gewinnt solches Vertrauen, dass ihm Metall und Edelsteine ungewogen und ungezählt überlassen werden. Seine wohlerworbenen Reichthümer benutzt er besonders zum Loskauf von Sclaven aus allen Nationen, besonders von Sachsen, die damals in grossen Schaaren aus ihrem Vaterlande geschleppt wurden*). „Wie oft reichte er seine goldenen Armspangen, oder die goldene, mit Edelsteinen geschmückte Gewandnadel zur Unterstützung Hilfsbedürftiger, ja seine sämmtlichen Kleider, seinen goldenen, mit Edelsteinen verzierten Gürtel, seine mit Edelsteinen besetzte Tasche, Perlenschnüre in Gold gefasst, Goldborten und kostbare seidene Gewande."

Ausser dem Sachsen Tillo war sein eigener Landsmann Bauderich, Tituën, ein Schwabe, und Buchino, den er zum Christen bekehrt, in seiner Umgebung. Ehe Eligius zum Bischof gewählt wurde, fertigten sie ausser dem Ziergeräth der Könige eine grosse Anzahl Reliquienschreine für die Gebeine der Heiligen, Germanus, Quintinus, Lucianus, Maximianus, Julianus und der heiligen Genovefa und Columba, vor Allem des heiligen Martinus zu Tours; alles mit bewunderungswürdiger Arbeit aus Gold und Edelsteinen, andere auch in goldverzierter Marmorarbeit, wie das Grabmal des heiligen Dionysius, welches er mit Gitterwerk umgab, dessen Thüren durch goldene, mit Edelsteinen besetzte Früchte geschmückt waren. Nach seinem Tode erhält der Heilige selbst durch die Königin Bathilde eine herrliche Tumba, zu welcher die vornehmen Franken eine unsägliche Menge Goldes und Schmucksachen beisteuern.

Wenn demnach die früherhin bereits selbstständig, aber vereinzelt betriebene Metallarbeit aus der Verbindung mit romanischer Kunsterfahrung eine vielseitige Bereicherung und Belebung empfangen hatte, so wirkte auch dieselbe Ursache auf das Streben nach der Aufnahme der übrigen Zweige der Technik, und es zeigten sich bei den Gothen, Franken und Langobarden von dem 5. bis 7. Jahrhundert bedeutende Versuche grösserer und prachtvoller Bauten von Kirchen und Pallästen (welche mit Glasfenstern, Marmorsäulen, Mosaik und Malerei geschmückt sind). Dass zur Ausführung aller dieser Arbeiten nicht gerade ausschliesslich römische Provinzialen

---

*) Quoties brachile aureum, pangam quoque auro gemmisque comptam sibi subripuit. — — quoque zonas ex auro et gemmis comptas, nec non et crumenas eleganter gemmatas; lineas vero metallo rutilas, oras sacrarum auro opertas, cuncta quidem vestimenta nonnulla holoserica. Audoeni vita St. Eligii.

und aus Italien berufene Künstler verwendet wurden, erhellt aus dem Vorwurfe, der dem Prätendenten Gundowald als ein Beweis gegen seine angeblich hohe Abkunft vorgehalten wird. Bei der Belagerung von Comminges wird ihm zugerufen: Bist du nicht jener Maler, welcher zu den Zeiten König Chlotar's in den Bethäusern Wände und Decken beklexte?*).

Ebenso zeigen sich unter den Münzmeistern der merovingischen Könige zahlreiche fränkische Namen, welche bei der Untersuchung des alten Kirchhofes von Lucy in der Normandie durch Goldmünzen aus der Zeit von 640 bis zum Ende des 7. Jahrhunderts mit dem Namen des Berebodes von Bordeaux, Alemund von Vatunacum, Domnigisil von Tours und Ado von Anze vermehrt worden sind**).

Ueber die allgemein verbreitete Kenntniss der Metallarbeiten zur Zeit der Abfassung der alten Stammgesetze geben diese selbst den besten Nachweis. Das alamannische Gesetz nennt den Waffenschmied faber ferrarius, spatarius, tit. 44 und 79, und den Goldschmied aurifex, faber aurifex tit. 79. 41, das burgundische Gesetz den Silber-, Eisen- und Erzarbeiter artifex argentarius, ferrarius, faber aerarius tit. 21, tit. 10 aurifex lectus, faber argentarius.

Für die Fälschung der Metalle, vorzüglich auch der Münzen, eine Ueberlieferung romanischer Kunstfertigkeit, sind in den westgothischen Gesetzen Strafen gesetzt***).

Es ist dort bestimmt, dass, wer Gold zur Fertigung von Schmucksachen empfängt und dessen Werth durch Beimischung von Silber oder jedes anderen geringeren Metalles mindert, gleich einem Diebe bestraft werde. Ebenso die Metallarbeiter (metallorum fabri), Gold- und Silberschmiede, oder was immer für Künstler, welche von den ihnen anvertrauten Werthgegenständen etwas unterschlagen.

Wie es nun keinem Zweifel unterliegen kann, dass ein sehr ausgedehnter Betrieb der Verarbeitung edler Metalle zu Schmucksachen bei den deutschen Völkern jener Zeit bestand, so gewähren auch

---

*) Gregor VII, 36 anno 585. „Tune es pictor ille, qui tempore Chlotari regis per oratoria parietes atque cameras caraxabas?.

**) La Normandie souterraine, p. 300—301.

***) Lex Wisigoth. lib. VII, tit. VI de fabariis metallorum. Auf den Hauptsitz der Münzfälschung weist Gregor in seiner Erzählung von den vergoldeten Erztäfelchen hin, welche die aus Italien zurückkehrenden Sachsen bei den Franken als Münzen ausgaben und die von Jedermann als reines und lauteres Gold angenommen wurden; Gregor IV, 42.

Form und Verzierung unserer Grabfunde hierauf ganz übereinstimmende Hinweisungen.

Ihre Gestalt wird grossentheils durch die Tracht selbst bedingt, welche bei Franken, Alamannen, Angelsachsen und Langobarden lange Zeit, selbst nach der Eroberung der römischen Provinzen, unverändert blieb. Der Aufzug Chlodovech's, nach Empfang der Consularwürde durch Anastasius, in römischer Tracht mit Purpurmantel und Diadem fällt hier nicht ins Gewicht, da diese hauptsächlich auf die romanische Bevölkerung berechnete Schaustellung nicht den geringsten Einfluss auf die Tracht der fränkischen Könige äusserte, welche noch bis nach Karl dem Grossen die alte Landestracht behielten. Als Karl der Kahle beinahe 400 Jahre nach der Eroberung Galliens byzantinische Kleider anlegt, erregt dies allgemein Staunen und Unwillen*).

Diese Beibehaltung der Nationaltracht, wie sie einerseits einen selbständigen Geschmack darlegt, musste auch, bei zunehmendem Reichthum, zu einer gleichmässigen Verzierung aller Theile der Kleidung führen, sowohl derjenigen, welche allen Völkern jener Zeit gemeinsam waren, als der besonderen Bestandtheile germanischer Tracht. Diese Uebereinstimmung zeigt sich nicht nur bei den Gewandnadeln, sondern auch bei den Haarnadeln, den Schnallen und den Beschlägen an dem Riemenwerk des Gürtels, der Hosen und langen Schuhbänder.

Die auf Schmuckstücken und Geräthen hervortretende Ornamentik ist dem Charakter antiker Kunstweise völlig fremd und gewährt, gleich den Arbeiten wilder Völker, bei allem Mangel eines maassvollen Styls und organisch entwickelter Formen durch ihre oft überraschend gefälligen Motive und einen phantastischen Reichthum an Gestaltungen einen anziehenden Eindruck.

Weder Italien selbst noch die den tiefen Verfall des Reiches und die allgemeine Erschöpfung theilenden Provinzen konnten zu dieser Zeit Fähigkeit oder Antrieb fühlen zu der Hervorbringung neuer, so zu sagen wild gewachsener Formbildungen, welche, bei aller

---

*) „Carolus (Calvus) consuetudines Francorum contemnens Graecas glorias optimas arbitrabatur." Annal. Fuld. —

„Post adeptum imperium ultra se elatus, consuetudines Francorum vili pendens, Graecas glorias et insolitas habitus adfectabat, et talari dalmatica indutus et desuper baltheo accinctus, pendente usque pedes, capite vero involuto velamine serico et diademate superposito procedebat." Sigibertus. Gembl.

Gleichartigkeit des Gesammtcharakters, eine solche Verschiedenheit und reiche Abwechselung zeigen, dass unter den tausend Gewandnadeln, namentlich in der vorherrschenden Art der spangenförmigen, welche bis jetzt in Deutschland, Frankreich, England, der Schweiz und den Niederlanden gefunden sind, nur ein einziges wirkliches Doppelstück entdeckt wurde, eine Nadel des Nordendorfer Fundes, welche genau mit einer der fürstlichen Sammlung in Sigmaringen übereinstimmt.

Es ist damit eine sichere Andeutung gewährt, dass diese eigenthümliche Art der Verzierung so wenig eine plötzlich ins Leben tretende Erscheinung ist, als sie einer Zersetzung der absterbenden, antiken Kunst entwachsen sein kann. Sie bewegt sich mit einer Sicherheit, einer Fülle und Geläufigkeit, die nur eine lang dauernde Ueberlieferung und Uebung zu verleihen vermag, und mit Gewissheit ist deshalb anzunehmen, dass sie ihre Entstehung und erste Entwickelung auf einem leichter zu behandelnden und vergänglicheren Materiale gefunden und erst später auf die Metallarbeit übertragen wurde. Gerade diejenigen Schmuckgeräthe, welche die sprechendsten und interessantesten Formen dieser Verzierungsweise bieten, die spangenförmigen Gewandnadeln, sind, wie ich in einer eigenen Abhandlung dargelegt habe*), nach Modellen von Zinn und Holz in Erz und Silber gegossen und nur im Einzelnen mit dem Grabstichel überarbeitet. Es sind noch unfertige Stücke dieser Art erhalten, an welchen dies genau nachzuweisen ist. Für die ausgedehnte Uebung der Holzsculptur bei den germanischen Stämmen sprechen nicht allein die bis zum heutigen Tage reichende Fortdauer derselben in Deutschland, sondern auch wohl erhaltene Ueberreste von hohem Alter und einer mit unseren Schmuckstücken völlig gleichartigen Verzierungsweise.

Die höchst beachtungswerthen Schnitzarbeiten norwegischer Kirchen, obgleich der ursprüngliche Charakter ihrer Ornamentik bereits, wie bei den isländischen Geräthen, mit Motiven des 13. Jahrhunderts vermischt ist, und die ungleich alterthümlicheren Holzarbeiten der Oberflachter Gräber, namentlich die Verzierung der sogenannten Todtenschuhe, leiten unmittelbar auf ältere germanische Holzsculptur. Die Gebäude der Franken und aller übrigen germanischen Stämme bestanden nur aus Holz, selbst ihre ersten Kirchen und viele ihrer Königssitze. Wenn aber die nordischen Sagas die reichen

---

*) Ueber eine besondere Gattung von Gewandnadeln.

Schnitzarbeiten in den Hallen der Edlen und Könige beschreiben, so wird man wohl auch für die Bauten der Vornehmen und Könige in Deutschland die bisherige Vorstellung der rohesten Construction in der Weise von Scheunen und Ställen nicht länger festhalten wollen*). Selbst Völkerstämme, welche seit Jahrtausenden die primitivsten Zustände noch nicht überschritten haben, zeigen das Streben, ihren Geräthen und ihren Wohnungen eine gewisse Zierde zu verleihen, und die Annahme einer alles Schmuckes entbehrenden, kahlen und traurigen Wildheit ist gerade bei den so vielseitig begabten germanischen Stämmen um so weniger gestattet, als selbst aus alter heidnischer Zeit her Versuche der Aeusserung eines bildnerischen Strebens nachgewiesen sind**). Die Symbole und Thierbilder (signa) des Tacitus, wie die erzenen, steinernen, doch meistens aus Holz geschnitzten Götterbilder (simulacra, imagines) der Franken, Alamannen, Friesen und der übrigen Nordgermanen, die heiligen Säulen, welche als truncus ligni, als stirps magnus diversis imaginibus figuratus bezeichnet werden, und die Tempel selbst von der alten Tanfana bis zu den heidnischen Tempeln der Franken, welche noch im 6. Jahrhundert von der heiligen Radegund und dem heiligen Gallus verbrannt wurden. Der von letzterem zerstörte war ein fanum, erfüllt mit mancherlei Zierwerk (refertum diversis ornamentis), mit Götterbildern und Weihgeschenken, welche aus Holz geschnitzt waren***).

Wäre man auch irgend berechtigt, den reich verzierten Holzbau der Hofburg Attila's†) (obgleich derselbe in einem damals deutschen Lande errichtet wurde, und Attila von zahlreichen deutschen Fürsten und ihrem Gefolge umgeben war) dennoch für ein, freilich dann sehr vereinzelt stehendes Werk hunnischen oder altslavischen Kunstfleisses zu betrachten, so wird man doch kein Bedenken tragen, zum allermindesten den Germanen einen gleichen Grad der Befähigung

---

*) Besonders, da selbst die Häuser des Landvolkes in den Gegenden wo ihre Bauart nach der Ueberlieferung aus alter Zeit her unzweifelhaft ist, eine ansprechende Form und einen gewissen Sinn für passende Verzierung darlegen.

**) Jak. Grimm, Deutsche Mythologie, Tempel und Götterbilder I, S. 71, 107.

***) Jak. Grimm, Deutsche Mythologie, S. 71. „Ubi barbarus membra, secundum quod unumquemque dolor attigisset, sculpebat in ligno."

†) „Intra illa septa erant multa aedificia partim ex tabulis sculptis et eleganter compactis, partim ex trabibus opere puro et in rectitudinem allabrodolatis et politis quae erant interjectae, lignis ad tornum elaboratis extracta et composita." Priscus in excerpt. legat. p. 63.

und Neigung zu solchen Arbeiten zuzumessen, von welchen gerade bei ihnen allein bestimmtere, an das höhere Alterthum aufreichende Andeutungen und Nachrichten, vor Allem aber die unzweideutigsten Zeugnisse von wirklichen Denkmalen einer Ornamentik erhalten sind, welche dem Style der antiken Culturwelt fremd ist.

Welche Bedeutung man auch diesen merkwürdigen Ueberresten an und für sich zutheilen mag, so wird doch eine unbefangene Betrachtung ohne Ueberschätzung der theils rohen Einfachheit, theils barbarischen Formenüberladung vieler ihrer Bildungen sich genöthigt sehen, den originalen Charakter dieser Verzierungsweise anzuerkennen. Mit ihrem Netzwerk, Zickzack, Rauten, Gitter- und Flechtwerk von Stäben, wechselnd mit phantastischen Thierhäuptern und Thierbildungen, mit ihren geflochtenen, oder in Schlingen und Knoten gelegten Bändern und in einander geringelten, zusammengewundenen Schlangen erscheint sie als die Grundlage jener Ornamentik, welche sich bei den angelsächsischen und fränkischen Manuscripten in Randmalereien und Bücherbeschlägen zeigt, und weiter entwickelt zu reich verschlungenem Blätter- und Rankenwerk, in Verbindung mit den verschiedensten Thiergestaltungen bei den Sculpturen der Baudenkmale des 11. und 12. Jahrhunderts hervortritt. Ihre Ueberlieferung aus heidnischer Zeit her, wie sie durch alamannische Grabhügelfunde[*] erwiesen ist, findet auch darin ihre Bestätigung, dass sie von dem heiligen Bonifacius, wie von dem heiligen Bernhard als unchristlich und für Gotteshäuser ungehörig bezeichnet wird. Es sind namentlich die Schlangenverzierungen, welche selbst in den Saum der Kleider eingewirkt oder gestickt wurden, deren heidnische abergläubige Bedeutung[**]) der heilige Bonifacius kennen musste, da er sie als eine Ueberlieferung des Antichrist zu entfernen mahnt[***]).

Als kein geringes Zeichen nationalen Ursprungs dieser Verzierungsweise kann es demnach gelten, dass sie selbst gegen diese gewichtvolle Einsprache in dem Volke festgewurzelt blieb und in

---

[*] Beschreibung der alten deutschen Todtenhügel bei Wiesenthal von C. Wilhelmi.

[**] Sie erinnern an das von den Langobarden verehrte similacrum viperae. J Grimm, Deut. Myth. S. 648.

[***] St. Bonifacii, Epist. C. V. ad Cudbertum, Doroverncnsem (Canterbury) episcopum, monet: „ut odibilem vestimentorum superstitionem omni intentione prohibere studeat: quia illa ornamenta vestium, latissimis clavis vermium imaginibus elavata, adventum Antichristi ab illo transmissa praecurrant etc."

manchem ihrer Elemente, unberührt von dem Wechsel der höheren Kunstentwickelung, bis zum heutigen Tage fortlebt*).

Die fränkischen, alamannischen und angelsächsischen Schmuckgeräthe und die ihnen in der Zeit zunächst stehenden Holzsculpturen der Grabstätten am Lupfen sind die ältesten, sicher beglaubigten Denkmale dieser eigenthümlichen Ornamentik.

Ein Rückblick auf das Ergebniss dieser Betrachtung der Grabalterthümer merovingischer Zeit bietet einige bestimmt hervortretende Merkmale zur Beurtheilung altnationaler Eigenthümlichkeit. Wenn von den Waffen einerseits der Angon und die Schildbuckel unzweifelhaft römischer Ueberlieferung zu überweisen sind, so zeigen dagegen das Wurfbeil, der Scramasax, der Speer und Bogen heimischen Charakter. Ebenso ist bei den Schmuckgeräthen nicht zu verkennen, dass neben dem fremden Einfluss, der aus dem Gebrauche und der Nachahmung römischer Arbeiten hervorgeht, eine besondere, den deutschen Stämmen angehörige, wenn auch noch unentwickelte Verzierungsweise zu Tage tritt.

Muss den scheibenförmigen Gewandnadeln vorherrschend römische Bildung, meist auch römischer Ursprung zuerkannt werden, so zeigen sich doch selbst schon in dieser Form germanische Elemente deren wichtigste und erkennbarste Gestaltungen auf den spangenförmigen Gewandnadeln, den Gürtelschnallen, Haarnadeln und den Zierbeschlägen des Riemenwerkes hervortreten.

Durch die vielseitigen, hier glücklich gebotenen Mittel zur Scheidung fremder und heimischer Formen erhalten diese Grabfunde eine hohe wissenschaftliche Bedeutung. Die Aufschlüsse, welche sie über die äussere Erscheinung des germanischen Lebens gewähren, sind bei der Unzulänglichkeit anderer Quellen um so wichtiger, als diese Waffen und Geräthe in ihrem Zusammenhang mit den Gestaltungen der späteren wie früheren Zeit, sichere Vergleichsmittel zu einer Beurtheilung auch der Grabhügelfunde bieten und die seither erfolglose Erörterung mancher wesentlichen Punkte unserer Culturgeschichte einer Entscheidung zuführen müssen.

Eine unbefangene Forschung, die von keiner der hier sich ergebenden Thatsachen absichtlich das Auge abwendet, wird die Folgen des endlichen Gewinnes einer ebenso fest gesicherten, als wichtigen

---

*) In den eingeritzten weissen Ornamenten auf blauem Felde, bei den Gefässen aus sogenanntem Steingut, dem Steingeschirr von Höhr, Grenzhausen und Hilscheid bei Coblenz.

Lindenschmit, Deutsche Alterthumskunde.

Stelle auf dem Gebiete unserer Grabalterthümer zu würdigen und zu nützen wissen.

Auch an und für sich haben die Entdeckungen auf den Friedhöfen der Franken und Alamannen den hohen Werth, dass sie ein helleres und freundlicheres Licht über eine wichtige Entwickelungszeit unseres Volkes verbreiten und eine leere Stelle unserer Bildungsgeschichte beleben, von welcher seither die Vorstellung einer dumpfen und abschreckenden Barbarei unzertrennlich schien. Nicht nur die Lehren des Christenthums hatten diese gemildert, es war auch die Kenntnissnahme früher nicht bekannter Lebens- und Bildungsverhältnisse, die den Gesichtskreis belebten und einen Blick in eine bessere Zukunft eröffneten.

HANDBUCH
DER
DEUTSCHEN ALTERTHUMSKUNDE.

ÜBERSICHT
DER DENKMALE UND GRÄBERFUNDE
FRÜHGESCHICHTLICHER UND VORGESCHICHTLICHER ZEIT.

ERSTER THEIL.

Holzstiche
aus dem xylographischen Atelier
von Friedrich Vieweg und Sohn
in Braunschweig.

Papier
aus der mechanischen Papier-Fabrik
der Gebrüder Vieweg zu Wendhausen
bei Braunschweig.

HANDBUCH
DER
DEUTSCHEN ALTERTHUMSKUNDE.

ÜBERSICHT
DER DENKMALE UND GRÄBERFUNDE
FRÜHGESCHICHTLICHER UND VORGESCHICHTLICHER ZEIT.

VON

L. LINDENSCHMIT.

IN DREI THEILEN.

ERSTER THEIL.
DIE ALTERTHÜMER DER MEROVINGISCHEN ZEIT.

MIT ZAHLREICHEN EINGEDRUCKTEN HOLZSTICHEN.

BRAUNSCHWEIG.
DRUCK UND VERLAG VON FRIEDRICH VIEWEG UND SOHN.
1880 1889.

Alle Rechte vorbehalten.